让教育回归生命的成长

初中集团化办学新范式

欧自黎 —— 著

上海教育出版社
SHANGHAI EDUCATIONAL
PUBLISHING HOUSE

变革时代的学校实践创新

我们这代人正经历着从工业时代到信息时代的深刻转型，人工智能的崛起、大数据分析的普及、互联网技术的飞速发展都在重新定义着知识的获取、传播与应用方式，重塑学习的理念与实践。在此背景下，教育教学的最终目的已发生根本性的转变，我们不再仅仅重视学生对知识的积累，而是更加注重对学生素养的培养，使他们能够在未来多变的社会环境中，创造性地解决真实情境中的复杂问题。作为这场教育教学变革中的一分子，我深感教育的每一步发展都基于对以往教育教学模式的反思，这要求我们每一位教育人不仅要积极适应变革，更要主动投身于这场变革浪潮之中，共同为学生素养的发展而并肩作战。

《让教育回归生命的成长：初中集团化办学新范式》一书

正是在这样的时代背景下应运而生的，它深刻阐述了教育变革的核心要素，从思想之变、知识之变、学习之变、课程之变四个维度全面剖析了教育变革的内在逻辑，生动刻画了当前教育工作者所面临的复杂局面，并基于此提出了切实可行的策略与方法。

面对教育之变，本书从教育视角、课程实施、教师角色、学教方式四个层面的转向为我们深入缕析了应对时代变革挑战的教育路径。其中，教育视角的转向要求我们重新审视教育的本质与目的，教育的目的应是"育人"而非"育分"，在"育人"过程中应注重学生自主学习意识与能力、智识、精神、身体与情感的发展。这一重转向从更高位辐射带动其他三大转向的实现，是对素养导向下人才培养目标的深刻诠释。这一理念映射于学校实践的多维变革之中时，主要体现在以下三点：一是须下定决心，转变对传统课程的固有认知，持续推动课程整合、转化与创生以适应新时代人才培养的需求；二是须激励、引导教师自主发展多元角色，真正成为教学的设计者、变革者与评估者，知识的共同创造者，学生的倾听者、对话者和协作探究者，课程的领导者与创生者等，充分挖掘教师的课程能力以应对这场深刻变革；三是须以学教方式的变革为核心，通过开展综合性教学活动等方式推进学教方式的转变，以此切实推动学生的全面发展。由此，本书阐述了教育教学变革背景下多层次转变的理论依据与实践思路，构筑了立体化的应对体系。

更为珍贵的是，《让教育回归生命的成长：初中集团化办学新范式》一书不仅为教学变革背景下的教育工作者提供了重要理念引导，而且通过具体的实践举措及其案例让我们看见了教育变革的现实可能性。从课程设计到教学实施，从学生的全面成长到教师的专业发展，书中的每一个案例及其经验总结都为我们生动展示了学校本土化、体系化实践创新的可行路径。竺可桢学校教育集团"以生为本"，坚持以"五维一体"生命教育为学生奠定成长根基，立足学生心理特点，搭建完善、创新的生命教育实施框架，致力于培养学生健康的人格，着重培养学生的自理能力；注重以"双链式"课程体系助力学生发展，连接以跨学科为特征的交叉课程和以学科外延为特征的社团课程，紧密对接核心素养；强调以融创课堂激活学生成长，构建并持续发展融创课堂模型，引导学生在积极探索中实现知识的建构与能力的提升。由此，竺可桢学校教育集团整体构建了推进学生素养发展的完善教育教学体系，为教学变革下的学校实践贡献了智慧。与此同时，教师作为教育教学的另一重要主体备受关注，竺可桢学校教育集团开展的教师专业发展学校（PDS）互培行动构建了"研训一体，双研育师"的教师培训模式，探索了教师专业发展的新范式，为上述诸多举措的有效落实提供了切实保障。此外，多举措并行的集团化办学模式与工作机制创新以资源共享、优势互补、协同发展为特点，通过集团内部的紧密合作实现教育质量的整体提升，这不仅促进了竺可桢学校教育集团自身办学模式的持续迭代与更新，更为其他学校的改革与发展提供了宝贵的借鉴。

《让教育回归生命的成长：初中集团化办学新范式》一书以其深邃的洞察、前瞻的思考和实践的智慧，绘制了一幅独特的教育改革实践蓝图。它不仅是理念的丰富集合，更是实践的先行指引，鼓励人们从传统教育模式中跳脱出来，以更加开放和创新的思维去构建教育的新范式。每一次尝试和探索都弥足珍贵，每一次创新和突破都值得庆祝，本书让我们笃定教学变革所能焕发出的强大生命力，更让我们坚信在未知道路上的每一步探索都必将有所成就。

　　回看历史，我们会发现，变革是教育教学发展的永恒主题。在这条漫漫征途上，一代又一代的教育工作者为学生的全面发展而并肩奋战，他们积极探索，勇于实践，持续创新，以适应不同时代的发展需求。在素养导向的时代中，我们有幸成为这场崭新教育变革的见证者与参与者，每一位教育人的携手前行无疑将为学生素养的发展注入源源不断的动力，必将开启教育的新篇章，共创教育的美好未来。

刘　徽

2024 年 8 月

自　序

　　2017 年初，浙江大学教育学院与杭州市滨江区教育局"联姻"，创办了浙江大学教育学院附属学校。2022 年 8 月，浙江省杭州竺可桢学校开办。杭州市滨江区教育局为了满足老百姓对"家门口的好学校"的期盼，根据区域教育发展的新要求，将浙江省杭州竺可桢学校（以下简称"竺可桢学校"）与原浙江大学教育学院附属学校（2022 年更名为浙江省杭州滨文中学，以下简称"滨文中学"）、浙江省杭州浦沿中学（以下简称"浦沿中学"）组建为浙江省杭州竺可桢学校教育集团（以下简称"集团"）。

　　有感于当下学校教育"目中无人"的顽疾，集团从一开始就秉持"让教育回归生命的成长"的教育理念，期望通过重塑学校教育的育人初心，深耕"以学生发展为本"的教育情怀。集团积极探索新的教育理念、新的办学模式、新的教学机制、新的管理制度，研究、实践在初中阶段推行集团化办学的新范式。

　　呈现给读者的这本《让教育回归生命的成长：初中集团

化办学新范式》，凝结着浙江大学教育学院专家团队和集团管理团队的集体智慧。本书介绍了浙江省杭州竺可桢学校教育集团在初中阶段推行的集团化办学新范式，着重强调了"让教育回归生命的成长"这一核心理念。本书指出，教育的变革是必要的，须培养具有国际视野和跨文化交流能力的人才，以满足社会对民主、参与和可持续发展的要求。在此背景下，集团实施了包括生命教育、课程改革、教师角色转变、家校协同等在内的综合性改革措施，旨在全面提升学生的综合素质和能力。具体来说，集团通过"五维一体"的生命教育实践，引导学生深入理解生命的价值，培养珍惜生命的意识，促进他们健康且全面地发展。课程实施方面，集团通过跨学科的课程开发和融创教学模式，激发学生的学习兴趣，培养学生的创新思维。教师角色得到重塑，教师从知识的传递者转变为引导者和辅导者，致力于培养学生的自主学习能力和实践能力。此外，家校合作被认为是促进学生健康成长不可或缺的部分，集团通过建立立体网络协同育人机制，让家庭和学校共同促进学生的全面发展。本书还介绍了集团在课程体系开发方面所做的努力，这类课程旨在培养学生在自主学习、问题解决、批判性思维等方面的能力，增强学生的公民意识、社会责任感，拓宽学生的视野。集团这一系列的教育改革措施，旨在为学生的终身学习打下基础，并帮助他们做好准备，以应对未来的不同挑战，满足教育现代化和个性化学习的需求，最终促进学生的全面发展和生命质量的提高。

本书的基本要点有：

第一，集团通过六大实践探索行动，构建了初中办学新模式，为学生的全面发展和未来成功奠定了坚实基础。

第二，生命教育是集团集团化办学的核心理念，通过"五维一体"

生命教育的设计与实施，提升了学生的"三感"，促进了"五育"融合的评价体系建设。

第三，集团通过"双链式"课程体系的设计与开发，保证了学生的发展，实现了课程体系与学生发展的良性互动。

第四，教师专业化发展是集团集团化办学的关键，通过教师专业发展学校（PDS）的建设集团，集团提高了教师的专业水平和教学质量。

第五，家校协同是集团集团化办学的重要组成部分，通过家校协同机制，集团构建了学生发展生命共同体，为学生的全面发展提供了有力保障。

感谢浙江大学教育学院刘徽教授在百忙之中为本书作序！

感谢浙江大学教育学院以方展画教授为首的专家团队的耐心指导与帮助！

感谢竺可桢学校教育集团管理团队和教师的辛勤付出与贡献！

欧自黎

2024 年 8 月

目　录

第一章

教育之变

改变是唯一不变的事。

——尤瓦尔·赫拉利

《今日简史：人类命运大议题》

教育是宏观的，我们培养的学生最终会走向社会，在社会中去展现自己的价值；教育也是微观的，我们要关注每个学生的学习和成长，但每个人的学习方式又是如此不同。任何好的教育，都需要满足两点：一是要帮助学习者了解自己为什么而学习，协助学习者建立与他人、与社会的关系，让学习者通过社会实践找到自己所认可的价值；二是要帮助学习者了解如何学习，清楚什么样的学习方式最适合自己。

在时代的巨大变革中，人工智能的快速发展让我们不断地反思到底"何为人"，也驱动更多学校思考如何结合时代的变化来协助学生"成为人"，正如程介明教授在《教育之变》中所提出的观点："教育是会过时的！这是我们的教育面临的最大挑战"[①]，因此我们需要去细心观察并总结那些教育以外的"变化"，以便我们不断地修改一些关于学校教育的假设、调整相应的教学行为。在本章，我将教育之变概括为四个方面，即思想之变、知识之变、学习之变和课程之变。

第一节　思想之变

教育，直接反映时代的脉搏。每个时代的经济、社会、文化和政治状况，都在无形中塑造着教育的面貌。学习，作为人类的基本需求，始终存在，但教育的形式和内容却随着时代的变迁而不断演变。教育，本质上是一个时代的学习系统，是人类为了更高效地传承知识、培养

---

① 程介明.教育之变［M］.上海：华东师范大学出版社，2022.

能力而设计的机制。当社会环境发生变化，新的需求与挑战出现时，教育就必须进行相应的调整与改革。这是因为，如果教育不能跟上时代的步伐，继续沿用旧有的模式和方法，它将无法有效地服务当代的学生，也无法满足社会对人才培养的新要求。因此，教育的真谛在于其适应性和变革性。它必须保持对时代的敏锐洞察，不断反思和调整自身的定位与功能，以确保能够持续地为学生的成长和社会的进步提供有力支持。

在过去的五十年里，从经济层面看，我们见证了全球化、知识经济的兴起以及产业与教育的升级与转型。在政治层面，全球化背景下，国家间的合作与竞争愈发频繁。教育因此被赋予了新的使命：培养具有国际视野和跨文化交流能力的人才，以增强国家的竞争力。同时，教育还需注重学生公民意识、社会责任感以及参与能力的培养，使他们能够积极投身社会事务。在社会文化层面，社会价值观的多元化发展，环境、资源与社会可持续发展的挑战，以及人口结构的变化等诸多因素，共同推动了教育理念的深刻变革。

现代教育思想发展有三个里程碑。首先，1972 年，《学会生存：教育世界的今天和明天》(也称《富尔报告》，以下简称《学会生存》) [①] 震撼了教育界。这份报告呼吁教育工作者培养学生的适应能力和生存技能，使他们能在变幻莫测的社会中傲然挺立。在《学会生存》的指引下，作为教育工作者，我们应摒弃陈旧的教育模式，培养学生的自主学习能力和批判性思维，让他们在知识的海洋中自由翱翔，勇敢地面对生活的挑战。

---

① 联合国教科文组织国际教育发展委员会.学会生存：教育世界的今天和明天 [M]. 华东师范大学比较教育研究所，译.北京：职工教育出版社，1989.

时间至 1996 年,《教育——财富蕴藏其中》提出了"四个学会"——学会认知、学会做事、学会做人、学会共处。[①] 这一理念强调学生不仅要汲取知识,而且要在实践中磨砺,成为全面发展的社会栋梁。学会认知,意味着学生不仅要掌握学科知识,还要培养批判性思维和自主学习能力。他们应该学会如何学习,如何获取信息,如何分析和解决问题。学会做事,要求学生具备实际操作能力和解决问题的能力。他们应该学会如何制订计划,如何组织资源,如何实施计划,以及如何评估结果。学会做人,强调学生要培养良好的品德和社会责任感。他们应该学会尊重他人,关心他人,与他人合作,以及遵守社会规则和道德准则。学会共处,要求学生具备跨文化交流和合作的能力。他们应该学会理解和尊重不同文化背景的人,学会与他人沟通和协商,学会共同解决问题。"四个学会"提醒我们,教育要注重实践与创新。通过项目化学习和社会实践,让学生在实际操作中积累经验,激发他们的创造力和潜能。例如,学生可以参与社区服务项目,了解社会问题,提出解决方案,并付诸实践。他们也可以参与科技创新项目,培养创新思维和实践能力。此外,学校还可以组织学生参加国际交流活动,拓宽他们的视野,培养跨文化交流和合作的能力。

2015 年,题为《反思教育:向"全球共同利益"的理念转变?》(以下简称《反思教育》)的报告突出了人文主义价值观,强调人格尊严和能力培养在教育中的重要性。在这个纷繁复杂的世界,教育应尊重学生的个性,培养他们的社会责任感和全球视野。我们明白,教育要以人为本,要关注学生的内心世界、尊重他们的个性差异、提供个

---

① 联合国教科文组织.教育——财富蕴藏其中[M].联合国教科文组织总部中文科,译.北京:教育科学出版社,1996.

性化的教育服务。这意味着教育不仅仅是传授知识的过程，还是培养学生成为有责任感、有担当的社会公民的过程。在教育中，我们应该注重培养学生的社会责任感，让他们了解自己在社会中的角色和责任，鼓励他们积极参与社会公益活动、学会主动关心他人、关注社会问题。通过这样的教育，学生将学会关爱他人，为社会的发展做出贡献。同时，教育还应该培养学生的全球视野。在全球化的时代，学生需要具备跨文化交流和合作的能力。我们应该引导学生了解不同国家和文化的差异，培养他们的国际视野和跨文化沟通能力。这样，学生将能够更好地适应未来的社会发展。此外，《反思教育》还强调了能力培养的重要性。学生不仅要掌握知识，还要具备解决问题、创新思维和团队合作等能力。我们应该通过教育培养学生的这些能力，让他们在未来的生活和工作中能够应对各种挑战。

2020年，联合国教科文组织发布题为《学会融入世界：为了未来生存的教育》的报告，强调了围绕地球未来的生存来重构教育的重要性。在当今这个人类历史的关键时刻，人类活动已经对地球的地理环境和生物圈系统产生了深远影响，引发了一系列生态危机，这些危机正威胁着地球上所有生命的未来，包括我们人类自己。因此，我们必须重新审视自己在世界上的地位和作用，并从根本上调整教育的功能。这种教育思想的变化，旨在培养学生的同理心和系统思维观，一方面，让学生能够理解他人的情感和需求，培养他们对地球和其他生物的关爱之情，树立社会公平和正义的观念；另一方面，帮助学生认识到地球上的各种生态系统和社会系统是相互关联的，培养他们从整体的角度看待问题的能力，使他们理解事物之间的相互作用和影响。通过培养学生的同理心和系统思维观，我们可以引导他们更好地理解和应对当前的生态危机和社会挑战。这样的教育将有助于培养具有全球视野、社会责任感和创新能力的未来公民，他们能够为实现地球的可持续发展和人类的共同繁荣做出积极贡献。

综合以上，我将五十年来教育思想的变化总结为以下七点：

一是强调学生的主体地位。

学生不再是被动的接受者，而是积极的参与者和创造者。教育要注重培养学生的自主学习能力，激发学生的学习兴趣，推动学生个性发展。

二是培养学生的综合素质。

除了学术知识，教育更加注重培养学生的社会情感能力、创新能力、实践能力等综合素质。

三是推动学生的个性发展。

尊重学生的个体差异，提供多样化的教育资源和个性化的学习路径，以满足不同学生的需求。

四是强调终身学习。

教育不再局限于学校阶段，而是贯穿人的一生，培养学生的终身学习意识和能力，使他们能够适应不断变化的社会。

五是关注社会问题。

教育引导学生关注社会现实问题，培养他们的社会责任感和解决问题的能力。

六是开展跨学科教育。

打破学科界限，促进学科之间的融合，培养学生的综合思维和解决复杂问题的能力。

七是利用信息技术。

信息技术的广泛应用改变了教育的方式和手段，教育更加注重培养学生的信息素养和数字能力。

这些教育思想的变化旨在培养适应时代需求的，具有创新精神、实践能力和社会责任感的人才，为个人的发展和社会的进步做出贡献。同时，教育也在不断地适应和引领社会的变革，为创造一个更加美好的未来发挥着重要作用。

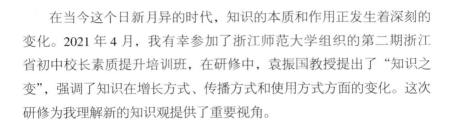

第二节　知识之变

在当今这个日新月异的时代，知识的本质和作用正发生着深刻的变化。2021 年 4 月，我有幸参加了浙江师范大学组织的第二期浙江省初中校长素质提升培训班，在研修中，袁振国教授提出了"知识之变"，强调了知识在增长方式、传播方式和使用方式方面的变化。这次研修为我理解新的知识观提供了重要视角。

一、知识增长方式的变化

知识增长方式的变化主要体现在知识更新速度加快、知识转化周期缩短和知识综合日益频繁三个方面。

（一）知识更新速度加快

据测算，1950 年以前，知识的半衰期为 50 年；在 21 世纪，知识的半衰期平均为 3.2 年。当下，随着信息技术的飞速发展和全球化的加速，知识的更新速度变得越来越快，新的知识和理论不断涌现，旧的知识和理论很快就会被淘汰。这就要求我们不断地学习和更新自己的知识，以适应时代的发展。

（二）知识转化周期缩短

在过去，知识从理论探讨到实际应用往往需要很长时间。两百年前，科学技术发展转化的速度是 112 年，现在已经缩短到 2—3 年。随着科技的进步和创新的加速，知识的转化周期变得越来越短，新的科学研究成果很快就能够应用到实际生产和生活中。这就要求我们不仅要掌握知识，还要能够将知识应用于实践。

（三）知识综合日益频繁

长期以来，人类知识的增长方式主要表现为不断地专业化分化。当前，综合性科学正逐渐成为推动世界发展的主导力量，特别是在航天科学、海洋科学、生命科学、能源科学、材料科学以及计算机科学等领域，学科的融合与创新正在引领着社会进步和科技发展。这一变化也指引着我们去思考课程改革的方向——在基础教育领域，教育者更需要培养学生的跨学科学习能力。从初一入学开始，竺可桢学校教育集团就通过开展跨学科的学习活动，让学生能够综合运用多个学科领域的知识来解决问题。比如，在"音乐与数学"项目中，学生需要综合运用音乐、数学、物理等多学科的知识，来探究音乐中的数学规律。这种跨学科的学习活动，不仅能够提高学生的学习兴趣、提升学习效果，还能够培养学生的跨学科思维和综合运用知识的能力。

二、知识传播方式的变化

知识传播方式的变化主要体现在传播渠道多元化、传播内容碎片化、传播工具便捷化和呈现方式可视化四个方面。

（一）传播渠道多元化

在互联网时代之前，知识的传播主要依靠书籍、报纸、杂志等传统媒介，传播渠道比较单一。现如今，知识的传播渠道变得越来越多元，人们可以通过多种新媒体渠道获取知识。依托智慧校园建设，竺可桢学校教育集团的学生可以通过学校的学情数据库、课件库、资源包等平台，获取各种学习资源，包括微课资源、拓展性学习资源、实验与探究资源等。这些线上学习资源，不仅能够提高学生的学习兴趣和学习效果，还能够满足学生的个性化学习需求。

（二）传播内容碎片化

随着互联网的普及和信息的爆炸式增长，人们能更便捷地获取信息，同时获取到的信息也变得碎片化，人们往往只能获取到一些零散的、片段的知识。我们的注意力日益分散，同时对系统化知识的接受能力也变得越来越弱。这些使用互联网所带来的"症状"，提醒我们需要刻意引导我们的学生从小培养分析和整合碎片化知识的能力。在集团，很多项目化学习项目都引导学生学会利用多种方法整合、分析碎片化知识。例如，在"如何利用 AIGC 技术来实现博物馆的升级与改造"的问题驱动下，学生会使用文心一言、豆包等 AI 大模型工具搜集大量案例，以获取一些思路，还会去请教身边的教师和专家，收集一些灵感。随后，他们还会选择一家当地的博物馆，实地评测不同升级方案的可行性。最开始，AI 所提供的思路是多样的，是没有考虑到学生实际选择的场馆的实际情况的，通过实际的案例、教师及专家的指导，学生会结合实际一步步地筛选 AI 提供的信息，并在此基础上形成最终方案，完成整个项目。

（三）传播工具便捷化

在过去，知识的传播主要依靠书籍、报纸、杂志等传统媒介作为传播工具，这些传播工具比较笨重、不便携带。然而，随着信息技术的发展和互联网的普及，知识的传播变得越来越便捷，人们可以通过手机、平板电脑等移动终端随时随地获取知识。目前，集团为学生配备了乐课平板、网易有道错题扫描机等学习工具，这些学习工具不仅能够提高学生的学习效率和学习效果，还能够满足学生的个性化学习需求。学生可以通过乐课平板随时随地获取学习资源，进行在线学习和交流；还可以通过网易有道错题扫描机快速扫描错题，进行错题整理和分析。

（四）呈现方式可视化

在过去，知识的呈现方式主要是文字和图片，呈现方式比较单一、枯燥。然而随着信息技术的发展和互联网的普及，知识的呈现方式变得越来越多样，学生可以通过视频、动画、虚拟现实技术等多种媒介获取知识。

三、知识使用方式的变化

知识使用方式的变化主要体现在综合运用知识、知识运用人性化和人机协同三个方面。

（一）综合运用知识

项目化学习在如今成为一个趋势的最关键原因是它锻炼了学生协作解决问题的能力。在现实生活中，我们所遇到的每个具体问题都不是按照学科来划分的，需要我们将所学的知识整合之后应用于某个具体的场景来解决。袁振国教授也曾经多次提到"高分低能"的问题，部分学生分数高，但解决问题的能力弱。解决问题能力弱的原因就是知识综合性运用的能力不强，这也是因为在过往教育中，我们更注重"认知"，对学生社会情感能力的关注还不够多。在未来，人与自己、与他人相处的能力可能要比智商和知识更重要。我们把社会情感学习的相关指标也融合在了集团的课堂改革中。在融创课堂中，学生会经历"独学""助学""领学""研学"和"合学"等多个环节。在"助学"和"合学"环节，学生不仅要自学，也要在小组内互相合作学习；在"领学"环节，学生需要在整个班级中不定期地作为小老师对其他同伴进行培训，这些环节的设计都渗透着我们对"社会性觉知"和"做负责任的决定"等关键指标的理解。

（二）知识运用人性化

16 世纪之后，随着自然科学和社会经济的快速发展，实用性和功能性逐渐成为衡量知识价值的重要标准，知识的使用主要是为了满足人们的生产和生活需要。然而，随着社会的进步和人们生活水平的提高，知识的使用方式变得越来越多样，人们不仅关注知识的实用性和功能性，还关注知识的审美性和文化性。我们也将这一变化呈现在集团的课程建设中。比如，在融创课程"木艺 STEM"项目中，学生需要综合运用语文、数学、科学、外语等多学科的知识，来完成木艺作品的制作。这些木艺作品不仅能被人们使用，还能够让学生感受到木艺的魅力和文化内涵。另外，人性化地运用知识也已成为知识使用方式转变的重要特征。斯坦福大学设计学院启动了很多有意思的项目，将知识运用至实际生活场景中。例如，为发廊中的美发师设计模型，该模型能在剪落的头发落地前便把头发都集中收集到一个地方，从而减轻美发师打扫卫生的负担；和百事公司合作，分析其出品的有机食品营养健康、价格低廉却无人问津的原因……集团的很多科创项目也引导学生去关注生活中的问题，使他们能调动同理心和知识来解决问题。例如，学生可以通过合适的传播方式，倡导所有在校人员重视碳排放问题，从而减少学校的碳足迹；或者，学生可以设计一款高性价比的午睡辅助装置，使在校人员都能拥有高质量的午睡。

（三）人机协同

在过去，人们往往只依靠自己的大脑和双手来获取和使用知识。然而，随着人工智能技术的发展和应用，人机协同成为知识使用方式转变的重要趋势之一。人们可以通过与人工智能系统的交互和协作来获取和处理知识，提高知识获取和处理的效率和质量。

在我的理解中，新知识观强调知识的本质是理解和解决问题，而不是"客观真理"或"固定事实"。在当今这个快速发展的时代，我们需要不断地学习和更新自己的知识，以适应时代的发展。同时，我们也需要具备跨学科的思维和能力，能够综合运用多个学科领域的知识来解决问题。此外，我们还需要关注知识的审美性和文化性，将知识运用与人类的情感、价值观和文化传统相结合，实现知识运用的人性化。最后，我们还需要与人工智能系统进行交互和协作，实现人机协同，提高效率和质量。

第三节　学习之变

知识之外，往往有宽广的天地。我一直认为，在学校里所学的专业知识，仅仅提供了让人能更好地在社会上生存的基础部分，实际上更重要的是学生在学习专业知识的过程中所感受到的自己的天赋、热情、学习品质和学习能力，这些素养能够让学生真正成为学习者、探索者和合作者。随着人类逐渐步入智能时代，我们可以看到学习发生的巨大变化，主要体现在：学习目标的变化、学习内容的变化、学习方式的变化和学习评价的变化。

一、学习目标的变化

（一）从知识掌握到能力培养

传统的学习目标侧重知识的积累，而现在更注重学生综合能力的培养，如批判性思维、创新能力、沟通能力等。就像爱因斯坦所说的，"学校的目标应当是培养有独立行动和独立思考的个人"。竺可桢学校教育集团要做的就是让学生的学习能力得到有效的提升，并使他们具备现代社会要求的核心素养。

（二）从个体学习到协作学习

学习不再是个体的行为，更强调协作。学生通过与他人合作，共同解决问题，提高学习效率。在竺可桢学校教育集团，小组合作学习是常态，学生可以在相互交流和讨论中不断学习。

二、学习内容的变化

（一）从学科知识到跨学科知识

学习内容不再局限于单一学科的知识，而是更加注重跨学科知识的整合。学生需要综合运用多个学科的知识来解决问题。这一转变与当今社会对创新和综合能力的需求密切相关。在许多实际问题中，单一学科的知识往往无法提供全面的解决方案，需要运用跨学科的思维和方法。例如，社会性科学议题的研究与实践往往需要跨学科的知识和方法；解决环境污染问题需要综合运用化学、生物、物理等多个学科的知识。

（二）从书本知识到实践知识

学习内容不仅包括书本知识，还包括实践知识。学生通过实践活动，将所学知识应用到实际中，提高解决问题的能力。这一学习内容的变化强调了学习的实用性和应用性。传统的教育模式往往注重书本知识的传授，而忽视了实践能力的培养。然而，在现实生活中，许多问题需要通过实践来解决。因此，实践知识的学习对学生的未来发展至关重要。例如，在学习工程领域相关内容时，学生需要通过实践活动来掌握工程设计、制造和维护等方面的技能。

三、学习方式的变化

（一）从被动学习到主动学习

学生不再是被动地接受知识，而是主动地参与学习。他们通过自主学习、探究学习等方式，积极主动地获取知识。这一转变符合建构主义学习理论的观点，该理论强调学生是学习的主体，他们通过与环境的交互作用来构建知识。在主动学习中，学生能够发挥自己的主观能动性，积极参与学习过程，提高学习效果。

（二）从课堂学习到多样化学习

学习场景不再局限于课堂，而是在不同场景通过多种方式进行。学生可以通过在线学习、实践活动、社区服务等方式，拓展学习的空间和时间。这一转变体现了情境学习理论的思想，该理论认为学习是在真实情境中发生的，学生通过参与实际活动来学习知识和技能。多样化的学习方式能够为学生提供更加丰富的学习体验，帮助他们更好地理解和应用所学知识。

此外，这一转变也与终身学习的理念相契合。终身学习强调学习是一个持续的过程，人们应该在一生中不断学习和思考。多样化的学习方式为学生提供了更多的学习机会，使他们能够在不同的情境中不断学习和成长。

四、学习评价的变化

（一）从单一评价到多元评价

学习评价不再局限于单一的考试成绩，而是包括多种评价方式，如过程性评价、表现性评价、自我评价等。这一转变反映了教育评价理念的革新。其中，过程性评价关注学生在学习过程中的表现和进步，能够及时给予学生反馈和指导；表现性评价则通过学生在实际任务中的表现来评估其能力和素养，更能反映学生综合运用知识解决问题的能力。表现性评价的相关研究表明，这种评价方式能够激发学生的学习积极性和创造性。例如，在一个科学实验的表现性评价中，学生不仅要展示其熟练的实验操作技能，还要解释实验结果和原理，这促使他们更深入地理解知识，提高实践能力。同时，多元评价还能更全面地了解学生的学习状况，为个性化教育提供依据。

（二）从教师评价到学生自评和互评

学习评价不再仅仅是教师对学生的评价，还包括学生的自我评价和学生间的互评。学生通过自评和互评，提高自我认知和反思能力。这一转变符合以学生为中心的教育理念。在自评过程中，学生能够对自己的学习过程和成果进行反思，明确自身的优点和不足，从而调整学习策略和方法。而学生互评能够培养学生的合作精神和批判性思维。在互评过程中，学生需要观察和分析同伴的学习表现，提出客观的评价和建议，这有助于他们从不同的角度看待问题，拓宽思维和视野。研究发现，积极参与自评和互评的学生，在学习动力、自我管理和团队协作方面往往有更出色的表现。

无论是学校、教师，还是家长，都应该积极适应这些变化，为学生提供更加优质的教育，帮助他们更好地适应未来社会的挑战。在竺可桢学校教育集团，我始终坚信我们所营造出来的学习场域能够让一个学生发现自己的天赋和热情，并且能够让他们在这里通过不断地积累自己在学习上的成功经验，获得更多的自我效能感。

第四节　课程之变

一、义务教育新课标改革的新观念

张华教授在解读《义务教育课程方案（2022年版）》和2022年新修订的语文等16个学科的课程标准时提出了五个核心观念：第一，基于未来教育观的课程理念；第二，基于核心素养观的课程目标；第三，基于理解性教学观的课程内容；第四，基于跨学科学习观的课程组织；第五，基于表现性评价观的课程评价。

所谓"未来教育观"，即主张教育面向未来急剧变化和高度不确定的情境，培养学生适应变化并拥抱"不确定性"的态度、善于解决真实情境中复杂问题的高级能力、勇于承担个人选择的后果并履行对他人和社会义务的责任。那么在教育教学中，我们应该注重培养学生的创新思维和实践能力，培养学生适应变化和解决问题的能力，让他们能够应对未来社会的挑战。在执行中，我始终要求竺可桢学校教育集团的教师要有意识地用成长型思维开展挫折教育，在学校内部建立激励机制，鼓励学生不断地超越自我、突破自我，让学生不断地拉高自己的"天花板"。很多学生从小到大都是教师、家长一路扶着走过来的，在"双减"背景下，集团更加注重通过活动的创设来改变学生的心智模式。传统的挫折教育往往采用一种固定型思维模式的评价标准，比如，若班级平均分是80分，而学生只能考60分，那么该学生就被视为失败。可实际上，这种"以分数论成败"的标准是极其有问题的。所以在集团，我们会基于每个学生的实际情况，遵循开放性原则开展挫折教育，倡导"不比聪明比勤奋，不比基础比进步"。比如，"能力是89分但考了90分的学生"跟"能力是40分但考了60分的学生"相比，显然后者在超越自我方面取得了更显著的成功。对于正处于青春期的学生而言，失败和挫折都是重新出发的机会，是学习的最好资源。

所谓"核心素养观"，即让课程目标始终聚焦于培养学生在真实情境中解决复杂问题的高级能力，也就是培养学生可普遍迁移的正确价值观、必备品格和关键能力。在这样的观念下，课程目标走向整体性，"三维目标"融为一体；课程目标具有高级性，关注批判性思维、创造性思维和协作性思维三种高阶思维能力；课程目标具有进阶性，"概念性理解"呈螺旋式发展，即核心素养的发展是螺旋式上升的。

"理解性教学观"强调知识的本质是理解或解决问题，教学应该选择学科"大观念"，创设真实情境，让学生以小组合作的方式解决问题。这启示我们要改变传统的教学方式，让学生在真实情境中学习，培养他们的理解能力和解决问题的能力。

"跨学科学习观"强调学科与社会生活、儿童心理经验存在内在联系，跨学科学习有助于培养学生的批判意识和自由人格。在教育教学中，我们应该打破学科界限，开展跨学科学习，让学生在不同学科之间建立联系，培养他们的综合素养。

"表现性评价观"则强调核心素养与行为表现之间存在内在联系，表现性评价通过基于情境的任务评价学生的核心素养。这要求我们在评价学生时，不仅要关注考试成绩，更要注重学生在实际情境中应对挑战时的表现和思维过程。

总之，义务教育新课标改革的新观念为教育教学提供了新的思路和方向。我们应该积极贯彻这些新观念，不断探索和创新教育教学方法，为学生的成长和发展提供更好的教育服务。

二、新课程方案的主要变化

（一）完善了培养目标

全面落实习近平总书记关于培养担当民族复兴大任的时代新人的要求，结合义务教育的性质及课程定位，从有理想、有本领、有担当三个方面，明确了义务教育阶段时代新人培养的具体要求。

（二）优化了课程设置

整合小学原品德与生活、小学原品德与社会和初中原思想品德为"道德与法治"，进行九年一体化设计；改革艺术课程设置，一至七年级以音乐、美术为主线，融入舞蹈、戏剧、影视等内容，八至九年级分项选择开设；科学、综合实践活动开设起始年级提前至一年级；落实中央要求，将劳动、信息科技从综合实践活动课程中独立出来。

（三）细化了实施要求

增加课程标准编制与教材编写基本要求；明确省级教育行政部门和学校课程实施职责、制度规范，以及教学改革方向和评价改革重点，对培训、教科研提出了具体要求；健全实施机制，强化监测与督导要求。

三、新课程方案的"四大突破"

2021年6月29日，于上海闵行区莘松中学隆重召开的"聚焦新课程，探究新评价"专题研讨盛会上，华东师范大学课程与教学研究所所长崔允漷教授发表了题为《新教学"新"在何处》的主旨演讲，深刻剖析了《义务教育课程方案（2022年版）》的四大突破性进展。我对此深感共鸣，并在吸收其精辟见解的基础上，融入了个人的思考与领悟。

（一）突破一：课程核心素养

课程核心素养是指学生在学习特定学科或课程时应具备的关键能力、品格和价值观。它强调学生在知识、技能、态度和价值观等方面的综合发展。课程核心素养的培养有助于学生更好地适应未来社会的挑战。

（二）突破二：学业质量

学业质量是指学生在完成学业后所达到的水平和能力。它重视学生在知识、技能、态度和价值观等方面的综合表现。学业质量的评价有助于教师了解学生的学习情况，为教学提供参考。

（三）突破三：课程内容结构化

课程内容结构化是指将课程内容按照一定的逻辑关系进行组织和整合。它强调课程内容的系统性、连贯性和逻辑性。课程内容结构化有助于学生更好地理解和掌握知识。

（四）突破四：学科实践

学科实践是指学生在学习学科知识的过程中，通过实践活动来应用和巩固所学知识。它强调对学生实践能力和创新能力的培养。学科实践有助于学生更好地理解和掌握学科知识，提高学生的学习兴趣和学习效果。

第二章

应变之道

初中教育更要关注构成学生完整生命成长的四个方面：智识、精神、身体和情感。这正是学校由"育分"向"育人"转变的重要体现。

第一节　教育视角的转向

为迎接未来的教育改革，教育管理者要始终保持探索的姿态。面对当前的社会变化和政策趋势，有四大转变势在必行。首先，要实现教育视角的转向，即从"育分"向"育人"深化，关注学生的智识、精神、身体与情感的全面发展。其次，课程实施应转向整合与创生，使教材成为引领学生自主探索和创新的工具。再者，教师的角色要从知识传授者转变为学习引导者和创新伙伴，与学生共同探索知识。最后，在学教方式上要注重启发式、互动式与探究式教学，激发学生的主动性与创造力，倡导"重教"和"重学"。这些转变共同构成了新时代教育管理者的核心策略与愿景。

一、从"育分"到"育人"

泰戈尔曾说："教育的目的应当是向人传递生命的气息。"蒙台梭利认为："教育就是激发生命，充实生命，协助孩子们用自己的力量生存下去，并帮助他们发展这种精神。"约翰·杜威告诉我们："教育不是把外面的东西强迫儿童或青年去吸收，而是需要使人类'与生俱来'的能力得以生长。"怀特海认为："学生是有血有肉的人，教育的目的是为了激发和引导他们的自我发展之路。"每一位教育大家都看到了教育的核心，那就是"育人"。

从"育分"转向"育人"，说起来轻轻松松，做起来却磕磕绊绊。在我看来，这是当下学校和教师面临的最大挑战。我们都知道学生不应该成为考试机器，但是在日复一日、年复一年的题海战术中，学生、家长和教师都很难冲出分数的牢笼。作为教育工作者，我们也常常处于"当下"和"未来"竞争的矛盾中，当下要分数、未来要发展，那么在这样的时代背景下，普通的初中教育又该追求什么呢？

二、注重学生自主学习意识与能力的培养

苏霍姆林斯基曾说："只有让儿童、少年、青年每天都有不少于五六小时的自由支配的时间，让他们按照自己的愿望（当然这些愿望是要加以培养的）和选择去活动，才能谈得上培养聪明的、全面发展的人。否则，任何关于发展天赋和才能，培养爱好和意愿的议论，都只能是空谈一通。"苏霍姆林斯基的这句话对我的影响很大。在我的求学时代，看书、写作业都靠自觉。而现在观察周围的学生，很多学生都觉得学习与自己关系不大，他们似乎都被来自家长、教师和考试等外部压力推动着学习。

这种现象让教育者深感忧虑。我认为，学生自主学习意识和能力的培养是教育的核心任务之一，只有让学生学会自主学习，他们才能真正地成为学习的主人，才能在未来的生活中不断进步。

为了培养学生的自主学习意识和能力，竺可桢学校教育集团采取了一系列的策略并进行了实践。初中是学生从被动学习者成长为高水平自主学习者的关键期，应该在学校的教学制度安排和教学组织实施中有目的、有计划、有体系地设计自主学习支持体系。为此，我们沿着培养和发展学生的元认知能力、高阶认知策略两条路径（见图1），设计了小步子、多支架的自主学习支持体系，帮助学生获得自己对学习的掌控权、发现学习的意义感。

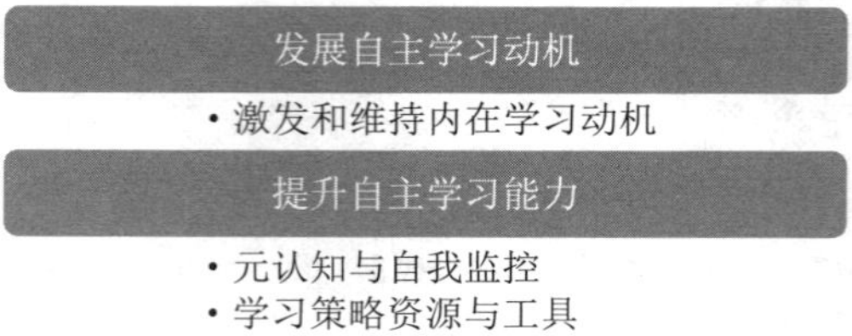

发展自主学习动机
·激发和维持内在学习动机

提升自主学习能力
·元认知与自我监控
·学习策略资源与工具

图1 自主学习的两条路径

学生自主学习水平的划分主要从两个维度入手，一个是动机自主，另外一个是认知自主（见图2）。

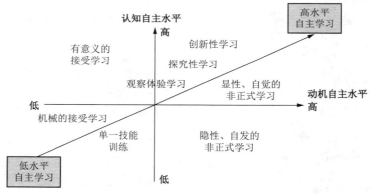

图2 自主学习水平的划分

为激发和培养学生的学习动机，竺可桢学校教育集团通过设计对学生有意义、能激发学生学习兴趣与持续动机的真实性学习任务和学习活动，引导学生构建具有个人意义的学习动机与目标，激发和维持学生的内在动机，以提升学生的学习自主性。为提升学生的自主认知能力，集团通过在学习环节中嵌入多项学习策略资源与工具，帮助学生学会监控、优化自己的学习过程，发现并形成适合自己的学习方法、策略。通过这种方式，学生可以培养自己终身学习的自主学习品质和学习能力。为了给学生提供更多的自主学习空间和时间，集团致力于课改项目——融创课堂，以滨文中学为代表，滨文中学已形成独有的课堂样态（见表1），教师也在教学实践中有意设计和安排微自主学习活动，逐步培养学生的自主学习能力。

表1　滨文中学"融创+"智慧教学的课堂样态

课堂设计	学习阶段			
	前置学习阶段（课前融入）	课堂学习阶段（课中融合）		课后学习阶段（课后创生）
学习模式	个人自主学习（独学）	合作探究（小组自主学习）（合学：对学、群学、展学）	个人探究学习（研学）	个人反思学习（独学）
学习时间	10—20分	30—35分	5—10分	时间不等
学习内容	任务单（基础、要点、拓展）	任务单（基础与要点部分）	任务单（拓展部分）	课堂学习后仍未知的问题
课堂进程	1. 学生根据任务单课前进行自主学习，尝试解决学习任务 2. 学生上交的任务单由教师批阅，或由组长推磨式批改，以便教师掌握学情			

课堂设计	学习阶段		
	前置学习阶段 （课前融入）	课堂学习阶段 （课中融合）	课后学习 阶段 （课后创生）
教师参与	1. 根据教学目标和学情制订任务单 2. 通过批阅任务单掌握学情后，调整课堂教学流程	1. 基础部分问题可由学生相互学习指导解决，任务单完成质量高的，可不再重复 2. 要点部分教师可适度指导，帮助学生完善任务单，鼓励学生从多角度解决问题	做好引导，让A、B类学生在探究中解决问题	分层关注，布置任务，让小组长对C类学生进行帮学与指导
课改口号	任务课前做，问题课中解，掌握自主学，研学促提高		

三、关注学生的智识、精神、身体和情感的发展

人生而多艰，哪怕在和平且富足的环境里，培养一个身心健康的孩子也并非易事，更何况是生活在灾难、疾病和各种意外存在的充满不确定性的世界。如今已进入全面发展的新时代，我们更需要思考教育的思维方式在这一背景下发生了哪些根本性的变化。全面发展强调整体性思维方式，反映到教育中，教育工作者不应仅仅着眼于升学率这一个点，而是要关注鲜活的生命本身，即立足当下，培养能够适应现实并迎接未来挑战的人。

未来并不缺会做题的人，"唯分数论"难以走远。初中教育除了要落实好国家课程，更要关注构成学生完整生命成长的四个方面：智识、精神、身体和情感。这正是学校由"育分"向"育人"转变的重要体现。

在浙江大学教育学院附属学校（2022 年更名为浙江杭州市滨文中学）开办之初，该校把"生命教育"作为教育的一条主线，贯穿教育的全程。这里定义与理解的生命教育是一种全人教育，它不但关注学生在知识和技能方面的学习，还重视学生的身心健康、情感体验，培育学生的社会责任感和价值观。生命教育旨在帮助学生认识生命的意义与价值，培养其生命意识和生命情感，提高其生命质量和生活能力，推动学生的全面发展与终身发展。竺可桢学校教育集团扎根于五个生命成长的要素：安全、健康、奋斗、优秀、尊严，即确保学生的身心安全居于学校工作的首位，致力于帮助他们强健体魄，培养终生奋斗的精神，树立崇高的人生榜样，使他们能够享有充满尊严的品质生活。

为达成生命教育的目标，集团积极促使家长与学校携手，共同构建确保学生健康成长的八个环境：早餐（营养）环境，学校积极引导家长，让学生吃好早餐；饮水环境，学校、家庭重视，引导学生养成喝水的习惯；锻炼环境，家校协作，督促学生将健康置于首位，每日坚持运动；睡眠环境，家庭和学校要保障学生的睡眠时间和质量；音乐环境，学校要营造充满音乐氛围的校园环境，家长也要营造充满音乐氛围的家庭环境；阅读环境，家校共建，亲子共读，推行"千万阅读计划"；活动环境，学校积极创设游戏环境（并非玩游戏）；声音环境，学校必须保持安静，家庭也应如此，家校都应为学生营造背景噪声不超过 35 分贝的学习环境。

除了营造环境，我们还构建了"五维一体"的生命教育框架，并采取了一系列具体的实践举措。具体而言，"五维一体"生命教育框架涵盖生态、生长、生涯、生存和生活五个维度。[1] 生态教育从关系视角

---

① 欧自黎，詹蔓莉."五维一体"生命教育的设计与实施［J］.教学月刊·中学版（教学管理），2023（Z1）：125-132.

指导学生与自然建立共生共存的关系，与社会、家庭建立和谐友爱的关系，树立生命关怀意识；生长维度聚焦学生的心理健康，助力学生认识自我、适应环境、发展学习能力、建立良好的人际关系；生涯维度引导学生进行正确的生涯认知、探索与规划，让每个学生找到适合自己的发展目标，实现自强自立；生存维度致力于提升学生的生存能力，帮助学生树立合理的生存目标，学会选择正确的生存方式，掌握应对生存危机的基本技能；生活维度则从日常生活入手，引导学生领悟生活的意义，培育社会责任感，形成面向未来的人生追求，处理好学习与工作、生活的关系。

第二节　课程实施的转向

　　课程实施的转向，意味着教师要从传统的"教教材"转变为"用教材教"，从教材走向课程。这是教学观念的转变，更是教学方法的创新。在这一过程中，教师需要关注学生的学习兴趣和需求，引导学生进行自主学习和探究学习，帮助学生将知识转化为其自身的智慧和素养。竺可桢学校教育集团在课程实施转向方面进行了积极的探索和实践。

　　第一，集团注重课程整合。在学科内整合上，围绕大概念，将不同章节的知识有机地结合起来，并与生活相联系，在形成完整的知识体系的同时，也能调动学生对知识的应用。例如，教师在语文教学中，将教材中的经典文学作品与生活实际相结合，引导学生进行阅读和写作，提高学生的语文素养。同时，也注重学科间整合，将不同学科的知识融合在一起，培养学生的跨学科思维能力。例如，集团依托竺可桢的"求是"精神，开发了跨学科科技学习、科技项目化学习和高科技企业实验室学习"三位一体"融合协同发展的"未来工程师"项目体系。在这个体系中，学生在学习中外科技史的同时，也将综合学习科技与历史的相关知识；学生在完成能源环境保护的项目设计中，也将调用科技与社会等知识。集团还注重教育空间的整合，将课堂教学与课外实践相结合，为学生提供更广阔的学习空间。例如，在"未来工程师"项目中，集团充分利用区域内"科技教育大联盟"得天独厚的优势，深挖杭州市高新区优质科技资源，将校内科技主题教育向校外延伸，通过走进高新科技企业实验室并参与1—2小时的研学课程，学生可以在研学中感悟、传承和弘扬科学精神。

第二，集团注重课程转化，引导学生把学到的知识转化为自己的理解，并在实践中不断应用。通过开展丰富多彩的社团活动和实践课程，学生获得了更多的自主学习和探究学习的机会。例如，集团各校创建了科技创新、艺术创作、体育竞技等多个社团，让学生在兴趣中发展特长，提高自主学习能力。此外，集团各校都非常注重培养学生的创新能力和实践能力。具体来说，在科技创新课程、比赛和实践活动中，学生可以学习和应用科学知识，不断提高自己的创新能力和实践能力。

第三，集团注重课程的创生，将课程视为一个不断发展和完善的过程。例如，集团鼓励教师根据教学目标和学生的实际情况，灵活调整教学的内容和方法，不断优化课程设计。集团教师构建了不同主题的项目研修共同体，以便共同完成课程优化的工作。例如，在STEM项目研修共同体中，教师自主开发并共同打磨了"泛在智能——未来城市之桥""Max火星科考"等20多个项目课程，建构了课程模式和评价体系，为全方位开展个性化 STEM 教育提供了保障。集团还注重课程的生长，将课程视为学生成长的重要载体。集团通过开展以科技创新、艺术创作、体育竞技等为内容的丰富多彩的课程活动，让学生在活动中发展特长，提高综合素质；集团还通过开展很多 STEAM 创客教育教学活动，在多年的积累下形成了普及类、兴趣类和精英类的三级课程设置，以便对学生进行个性化、差异性的螺旋式升级培养，充分满足学生的需求。

第三节　教师角色的转向

在教育教学改革的大背景下，教师的角色正在经历深刻的变革。以往，教师主要是知识的传授者和课堂的主导者，但如今，他们需要转变为教学的设计者、变革者和评估者。

教师将从单纯的知识传授者转变为知识的共同创造者。他们不再局限于讲授知识，而是与学生一同探索和发现知识。教师扮演着教练、导师和评估者的角色，帮助学生发展自主学习能力和批判性思维能力。

为了实现这一转变，教师需要摆脱讲授主义，成为学生的倾听者、对话者和协作探究者。教师要倾听学生的声音，了解他们的需求和困惑，与他们进行平等的对话和交流。通过协作探究，教师与学生共同解决问题，促进学生的全面发展。

此外，教师还需要从知识传递者和讲授者转变为专家、教练、学科研究者和学生研究者。他们需要不断提升自己的专业素养，成为学科领域的专家，同时也成为学生的教练，指导学生的学习和发展。教师还应进行学科研究和学生研究，了解学生的学习特点和需求，为教学提供更有力的支持。

课程领导者和创生者也是教师角色转变的重要方向。教师不再是课程的执行者，而是课程的领导者和创生者。他们参与课程的设计和开发，根据学生的需求和兴趣定制课程内容和教学方法。

总之，教师的职责不再仅仅是教书，更重要的是教学生学会学习。他们需要培养学生的学习兴趣和学习能力，让学生成为自主学习者。

第四节　学教方式的转向

学教方式的变革是教育教学改革的核心要点之一。长久以来，传统教学多以教师单方面讲授为主，学生往往处于被动接受知识的状态。然而，当下的教育态势要求我们从这种模式向"重教重学"转变，突出学生的主体地位，促使学生成为积极的学习者、默契的合作者以及深入的探究者。

教学的核心要义无疑是"教师教学生学"。教师必须依据学生的学习需求与特性，精心筹划教学内容与方法，引领学生主动投入学习并深入思考。《反思教育：向"全球共同利益"的理念转变？》着重指出，于当今之时代，学会学习的重要性是毋庸置疑的。精细加工的学习策略，必将成为未来教育的主导策略。故而，教师有责任助力学生掌握有效的学习方法与策略，培养他们的自主学习能力，培育他们终身学习的意识。为达此目标，教师应创设多元化的学习环境，促使学生扮演学习者、探究者和合作者的角色，激励学生踊跃参与学习活动。引导学生借由合作学习与探究学习，锤炼团队合作精神与创新能力。

国际学生评量项目 PISA 的研究成果显示，单纯依赖记忆的学习策略对学生的助益愈发有限，而精心加工的学习策略更能助力学生应对更具挑战性的问题任务。教师需要引导学生运用新旧知识，发散并创造性地思索新的问题解决方案以及学会迁移运用知识的方法。

陶行知先生曾言："好的先生不是教书，不是教学生，乃是教学生学。"此语点明了教师于教学中的关键作用。教师的职责在于教会学生学习，绝不仅仅是传递知识。

教学永远是教与学的辩证统一，这是教育领域的基本共识之一。教师的"教"旨在服务学生的"学"，"教"与"学"相互推动、相辅相成。"教"实则是对"学生学"的精心规划、巧妙设计、有序组织、有效实施以及精准评价。教师须依据学生的学习目标与需求，拟定教学规划与策略，组织教学活动，推进教学进程，并针对学生的学习成效给予评价与反馈。"重教"主要体现为精心设计、落实、完善学生的学习过程，全心地教学生学。"重教"涵盖了"重学"，或者说"重教"的精髓即为"重学"。换而言之，"重教"必然"重学"，甚至"重教"的本质就是"重学"。教师需要密切关注学生的学习进程与学习体验，重视学生的学习效果与学习进步。

《关于深化教育教学改革全面提高义务教育质量的意见》着重强调要强化课堂主阵地的作用，切实提升课堂教学质量。优化教学方式，坚持教学相长，注重启发式、互动式、探究式教学。教师在课前应指导学生做好预习，在课上要讲清重点难点、梳理知识体系，引导学生主动思考、积极提问、自主探究。融合运用传统与现代技术手段，重视情境教学；探索基于学科的课程综合化教学，开展研究型、项目化、合作式学习。精准分析学情，进行差异化教学和个别化指导。

　　学教方式的变革需要重点关注综合性教学活动。教师可以尝试探索大单元教学，大力开展主题化、项目化学习。依据学科特点和学生需求，拣选适宜的教学方式和教学活动，提升教学效果，提高学生的学习兴趣。在竺可桢学校教育集团，教师积极推行项目化学习，让学生在实际问题的解决中学习并运用知识。我们还高度注重差异化教学和个别化指导，按照学生的不同特质和需求，提供个性化的教学服务。此类举措均有助于提高教学质量，推动学生的全面发展。

第三章

集团概况

要将三校的特色优势与集团未来的发展任务高度对接，做到"有集有团"。从理念办学走向思想办学，从经验办学走向标准办学，从教师集团走向学生集团，跨校组建学习圈，努力实现集团内特色教育资源共建共享、均衡发展。

2022 年 8 月，浙江省杭州竺可桢学校开办。根据区域教育发展的新要求，同时为了满足浦沿区块老百姓对"家门口的好学校"的期盼，实现教育共富，杭州市滨江区教育局借机将竺可桢学校与滨文中学、浦沿中学组建为浙江省杭州竺可桢学校教育集团。集团化办学能够以资源共享的方式，以低成本、高效率的形式来推进区域内基础教育的均衡发展，是一种可行的办学思路。

第一节　竺可桢学校教育集团架构及治理思想

浙江省杭州竺可桢学校教育集团是一个崭新的教育集团。其中，竺可桢学校的校训为"惟求其是，公忠坚毅"。校训出处有二：一是竺可桢取意王阳明"君子之学，惟求其是"立浙江大学校训"求是"；二是竺可桢任浙江大学校长时立下的育人目标——"造就德智体健全发展的公忠坚毅的国家栋梁之材"。

浦沿中学是一所具有 55 年办学历史的老学校，对当地的义务教育贡献不菲。学校校训为"归真"，校风为"向上、向善、向美"。意为：千教万教教人求真，千学万学学做真人；用科学精神教人求真；用宗教精神教人求善；用人文精神教人求美。

滨文中学，即原浙江大学教育学院附属学校，于 2018 年 9 月开办，于 2022 年更名为现名。其与浙江大学教育学院合作办学，办学愿景为"教育科研孵化器，内涵改革示范校"，办学历史虽然不长，但已经呈现出独特的公办"新初中"的品质。学校立"高情远跖，卓立曲江"为校训。"高情",指情感丰富,充满激情,用情用心,富有情怀;"跖",一为脚掌、脚底之意,二为踏、踩之意。"卓立",卓尔不群,勇立潮头,开拓进取;"曲江",即之江,也称浙江、钱塘江,在这里体现地理位置。合起来意为:富有情怀,志存高远,敢于创新,霸视钱江。

在竺可桢学校教育集团组建后,集团按照"传承优秀、创新特色、整合资源、协调行动"的原则运行。根据发展的要求,集团须遵循"集中决策、分工协作、规范操作、科学治理"的治理思想。遵循集中决策,集团构架中以集团党组织为核心,加强党对集团教育教学及管理工作的全面领导,突出了党的"集中决策"作用,以集团党组织为核心决策机构,对"三重一大"等集团重大事项做出最终决策。遵循分工协作,各个学校将有集又有团,各校进行分工协作,既保持学校的各自特色,又能与集团的未来发展任务高度对接。坚持规范操作,根据《义务教育学校管理标准》《基层党组织领导的校长负责制》的要求,编制集团管理手册,制订管理标准,实施流程管理。遵循科学治理,实现党建引领,按照现代学校制度的治理方式进行学校治理。

第二节 竺可桢学校教育集团集团化工作推进思路

一、挖掘以竺可桢之名命名的意义,实施竺可桢学校教育集团品牌战略

（一）以竺可桢之名命名的意义

竺可桢是我国气象学家、地理学家、科学史家和教育家。以竺可

桢之名命名对集团意义重大，不只具有课程意义、纪念意义，还有品牌意义、文化意义、榜样意义，是集团构筑文化、建设课程、塑造品牌的极佳资源。

（二）实施竺可桢品牌战略

集团遵循"人文与科学并重，传承与创新同行"的办学方略，从三个方面实施品牌战略。一是铸魂，提出集团的办学理念，明确集团的价值追求，实现教育理想；二是筑梦，提出集团的办学愿景，明确集团的办学理想；三是画像，明确集团的办学目标，勾画集团期望培养的学生形象与特质，以及集团希望毕业生应达到的状态形象。

二、汇聚教育力之源，塑形竺可桢学校教育集团育人文化

（一）汇聚教育力之源

学校育人文化的建构是素质教育的应有之义，学校教育不仅要依靠教师的力量、知识的力量，还应该汇聚各种教育力之源，如人格的力量、情感的力量、精神的力量、文化的力量、优秀榜样的力量、专业的力量、规律的力量、规则的力量、公平的力量等来塑造学校的育人文化。

（二）塑形竺可桢学校教育集团育人文化

竺可桢学校教育集团所期望的育人文化可以概括如下：拒绝"枪打出头鸟"文化，塑造"勇往直前、敢为人先"文化；拒绝"差不多就行"文化，塑造"实事求是、精益求精"文化；拒绝"苟且随大流"文化，塑造"追求卓越、拒绝平庸"文化；拒绝"自利不利他"文化，塑造"用情用心、包容开放"文化。

三、实施治理新改变，建构竺可桢学校教育集团办学新样态

（一）实施治理新改变

作为一个新组建的教育集团，需要改变原有单个学校的治理模式。主要从以下三个方面进行：一是通过党建引领，建立集团党组织核心决策管理机制，建立现代学校制度，推动集团管理从经验管理走向科学治理；二是明确集团是一个整体，各个学校应有独立的个性，集团各校不仅要有形式上的"集"，更要有办学质量上的"团"，因此在保持各个学校各自的特色优势的基础上，还要让各自的特色优势与集团的未来发展任务高度衔接，推动集团管理从抱团取暖走向分工协作；三是确定集团集中决策的机制，避免学校之间各自为战，通过制订学校管理标准、制度、流程等保证各校规范运行，推动集团管理从自由分散走向系统规范。

（二）建构竺可桢学校教育集团办学新样态

首先，从挖掘、梳理竺可桢的教育思想和办学思想入手，超越往常仅仅根据某种现代理念来办学的思路，用竺可桢的办学思想、教育思想来办学，实现从理念办学走向思想办学；其次，通过制订集团管理标准和管理手册，以超越经验主义的办学模式，实现从经验办学走向标准办学；再次，超越传统的集团较多注重集团资源共享和师资力量共富的模式，尝试开展"虚拟组班""跨校组建学习圈"等学生共富行动，实现从教育集团的资源共富办学到学生共富的办学，建构集团化办学新样态。

第三节 竺可桢学校教育集团集团化办学工作举措

一、集团党建引领

建立集团党组织决策架构，加强党对集团教育教学及管理工作的全面领导，突出党的"集中决策"作用，以集团党组织会议为集团决策机构，对"三重一大"等集团重大事项做出最终决策。目前集团党组织尚未健全，以党政联席会议作为集团决策机构，待健全后调整。

二、集团治理创新

集团根据现代学校制度及创新治理的要求，建立了集团治理的四个机制。

（一）流程管理机制

将集团的各项工作和常规事务流程化，制作流程图，实施流程管理。

（二）闭环管理机制

首先是"人"的闭环，学生到哪里，管理到哪里，教育到哪里，评价到哪里。其次是"事"的闭环。有布置，必有检查；有检查，必有反馈；有反馈，必有跟进。布置＋不检查＝0；检查＋不反馈＝0；反馈＋不跟进＝0。

（三）复盘管理机制

集团管理团队每天下班前通过钉钉管理日志进行一日工作反思复

盘，复盘内容为：提炼一个亮点，一日之内学校教育教学中值得肯定和表扬的地方，弘扬正能量，为教师和学生赋能；发现一个不足或值得反思的方面，查漏补缺。

（四）容错管理机制

在管理过程中重在发现问题，第一次发现问题，重在纠错和批评教育，不重罚，允许错一次。

三、集团师资共富

组建教育集团，推行余缺调剂工作机制，为实现集团各校师资共富提供了便利条件。集团师资共富行动的主要形式有：教师在集团内流动，从滨文中学流动至竺可桢学校的教师有 8 名；教师跨学校兼职，总务主任两校兼任，音乐、心理、体育教师跨校兼职任教；教师参与临时性"支教活动"，如在体育模考和学校活动时相互支援；教师参与集团内活动，如在学期开学及结束时召开的集团教师大会、开展的集团教师团建活动，不定时开展的集团工会活动、集团教师节庆祝活动等；教师绩效在集团内互鉴，集团各校遵循相同的原则完善绩效考核方案。

四、集团资源互济

为了充分发挥集团化办学的优势，促进教育资源的均衡配置与高效利用，竺可桢学校教育集团内部实施了一系列资源互济措施。这些举措不仅涵盖了硬件设施的共享，如电脑设备的灵活借用，军训和实验场地的开放共享，还推动教学资源的深层次合作，旨在通过资源共享、经验交流及协同教研，全面提升集团内各学校的教学水平和教育质量。集团还为师生搭建了一个更为广阔的学习和发展平台，使学生的优秀成果得到广泛展示，教学资源实现无界流通，推动校内学术文化的共同繁荣。

五、育人方式共推

在育人方式上，竺可桢学校教育集团秉持着创新与实践并重的原则，积极探索并实施了一系列措施。其中，生命教育作为集团育人的核心主线，通过"六一习行日课"等具体形式，集团将生命教育的理念渗透到学生的日常生活中，引导学生在日常行为中培养良好习惯和品质。同时，集团还构建了多元化的激励评价体系，通过求是币、蓝鹰币、TOP币（突破币）等评价机制，激发学生的学习兴趣和内在动力，促进学生的全面发展。这些举措不仅丰富了集团的育人方式，也提升了育人效果，为学生的健康成长和全面发展奠定了坚实基础。

六、学教方式齐改

集团积极开展学教方式的变革，重教重学，摆脱讲授主义。以学历案的改革为载体，开展创新教学设计，强调学科实践，依托小组合作、学习展示和技术赋能等策略，提升课堂活力，努力实现学教方式的变革。目前集团各校都在推进课堂教学形态的变革，滨文中学提出"融创+"智慧教学的课堂样态，浦沿中学提出"TOP课堂"理念并实践，竺可桢学校创设"求是"课程体系。

七、课程实施共创

集团各个学校积极开展项目化学习。项目化学习是实施新课程、开展综合性教学活动的必然要求，既是一种学习方式，也是教师开展校本研修的形式。浦沿中学的项目化学习是该校的特色和品牌，集团基于浦沿中学的成功经验，积极在集团内各学校开展项目化学习活动，充分发挥浦江中学的示范引领作用。

八、教师研修同行

教师专业发展学校（Professional Development School，以下简称"PDS"）是滨文中学基于 U-S 合作进行教师教育的主要形式。U-S 合作，即大学与中小学伙伴合作（University-School Partnership）。早在1892 年，美国学者查尔斯·艾略特领导的委员会就提出大学与中小学伙伴合作这一概念。近三十年来，大学与中小学伙伴合作日益成为教育改革和学校革新中的热点课题。U-S 合作的教师专业发展学校，从机制引领、价值引领和实践示范引领三个维度，以"三坊联动"的常态研训（见图3）、"新双五基本功"的课程设计、"十项修炼"以赛促

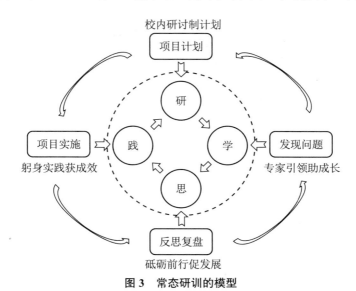

图 3　常态研训的模型

培的实践策略，使滨文中学不同于一般学校，成为可持续发展的区域典范学校。集团组建后，这种校本研修模式被推广至集团内其他学校，成为集团教师研修的共同模式。

九、家校协同并进

家校合作协同育人是提高育人质量的必然要求。为了推动家校合作，系统地、有计划地丰富家长的育儿知识，提高家长的育儿能力，集团为家长提供家庭教育的帮助与指导，建立了家长研修学院。通过制订家长研修学院章程、编制家长研修手册、设计家长研修课程、开展优秀家长评选等方式，加强家校联系，实施家校协同育人，提高育人质量。

第四节　竺可桢学校教育集团集团化六大实践行动

竺可桢学校教育集团以"名校集团化"办学为契机，通过实施六大实践探索行动，构建了独特的办学新样态。

在生命教育润泽行动中，集团为学生营造了良好的生命成长环境，提供营养均衡的早餐、丰富的藏书、充满音乐的氛围，确保充足的饮用水供应，鼓励学生进行适度的体育活动，保障学生的睡眠时间。同时，集团还开展了生命教育习行日课，每日必读、必跑、必赏、必展、必省和必理，并通过设计生存训练营和生命护照等活动，让学生在实践中学习和成长。

在链式课程开发行动中，集团建立了双链式课程体系，包括能力导向的基础课程、自主探究的交叉课程和多元发展的社团课程。通过主题建构、协同建构和分类建构等多元课程实践模式，为学生提供了丰富的学习选择，促进了学生的全面发展。

在融创教学"共卷"[①]行动中，集团打造了融创课堂，通过技术赋能、流程再造和更新迭代，实现了教学的精准化和个性化。同时，集团还通过小组合作、学习展示和当堂检测等方式，激发了学生的学习兴趣和主动性。

在 PDS 互培行动中，集团通过制度引领、价值引领和示范引领，促进了教师的专业发展，提高了教师的教学水平和教育质量。

在家校协同行动中，竺可桢学校构建了立体网络，通过设立"三轨三环式"德育动力圈、开展家长进校园活动、借助家长学院和现代信息手段进行家庭教育指导，通过不定期开展家访和亲子活动、召开形式多样的家长会、探索系列化生涯规划课程、开设悄悄话信箱、发布心理小报、利用社会资源为学生提供心理咨询服务等方式，实现了家校协同育人。滨文中学通过家长学院，指导家长进行科学的家庭教育。浦沿中学则通过成立家委会、定期组织家长学院活动、推行 TOP2.0 版大班主任工作制、开展形式多样的活动、为特需学生进行赋能等方式，促进了家校共育。

在工作机制创新行动中，集团建立了流程管理机制、闭环管理机制、复盘管理机制和容错管理机制，提高了集团的管理效率和治理水平。

竺可桢学校教育集团通过六大实践探索行动，构建了以生命教育

---

① 共卷，指通过师生互动，让学生真正参与到课堂中来。

为基础、以课程开发为支撑、以教学改革为核心、以教师发展为保障、以家校协同机制为支持、以工作机制创新为动力的办学新样态，为学生的全面发展和未来成功奠定了坚实的基础。

第四章

生命教育润泽行动：
用生命教育奠定成长根基

教育其实就是生命成长的教化和育成。教，是教人做人做事。育，是心智成长、心理发育、心性健康。生命教育就是健康的心理人格的培育与成长。

第一节 "五维一体"生命教育的设计与实施

初中阶段是一个人非常敏感的时期。根据埃里克森人格发展理论，这一阶段是自我同一性和角色混乱冲突的阶段，处于这一阶段的学生往往无法正确认识自我以及自己应承担的责任。同时，该阶段的学生有着极为敏锐的感受力、较强的自尊心，这一独特的心理发展阶段是进行生命教育的最佳时机之一。2004 年，中共中央、国务院出台的《关于进一步加强和改进未成年人思想道德建设的若干意见》要求科学有效地实施生命教育活动。此后，全国各地开展了不同形式的相关实践活动，但当前的学校生命教育依然存在一些问题：有的以学科渗透为主[1]；有的以零散的德育活动代替，缺乏完整体系，不能保证生命教育的常态化实施，对学生的影响不深；还有的缺少实物反馈载体，主要采用生命叙事、调查问卷等方式反馈生命教育效果，具有不可持续性、操作繁复性等特点。另外，部分学校的生命教育评价工具单一，学生评价仍以分数为主，往往以统一标准横向比较，缺乏纵向评价。

基于这样的实际情况，竺可桢学校教育集团立足学生的年龄和心理特点，设计、实施了"五维一体"生命教育（实施框架如图 4 所

---

[1] 冯建军.我国学校生命教育的经验、反思与展望［J］.中国德育，2020（09）：24-30.

示），并通过实物载体生命护照跟踪实施效果，通过生命存折搭建成长银行，实现过程性评价与总结性评价的统一。

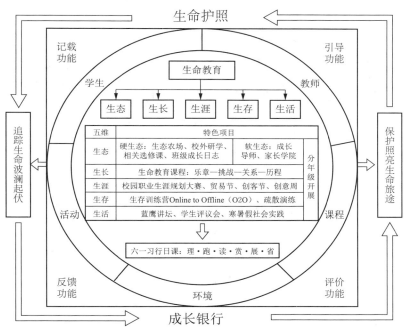

图4 "五维一体"生命教育的实施框架

一、"五维一体"生命教育的体系

"五维一体"生命教育中的"五维一体"，指的是生态、生长、生涯、生存和生活五个维度的系统化、序列化活动设计。学校基于生命教育的现状，引导学生通过实践探索、同伴引领、项目驱动、深度浸润以及线上线下混合体验等多种方式参与活动，在活动中提高对生命的认识，树立正确的生命观。"五维一体"生命教育的体系如图5所示。

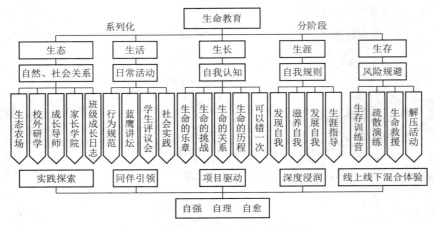

图5 "五维一体"生命教育的体系

（一）关注生态，树立生命意识

布朗芬布伦纳从生态学角度提出，个体均嵌套于相互联系的环境系统中，这些系统与个体相互作用并影响着个体发展。[①]对初中生而言，最核心的是家庭、学校和同伴关系。生态教育从关系视角指导学生与自然建立共生共存的观念，与社会、家庭建立和谐友爱的关系，树立生命关怀意识。

集团依托自建农场，开设"校园植物志"等自然类选修课、"走进自然"系列研学课，引导学生思考人与自然的关系。在班级设置绿化角，让学生担任植物的护理员，培养他们的生命意识。同时建立生命成长导师制度，帮助学生解决遇到的难题；开创家长学院（见图6），打破传统家校共育方式，指导家长解决孩子在不同阶段出现的问题，改善亲子关系；将班级总结变为班级成长日志，通过"我与班级共成

---

① Bronfenbrenner U. The Ecology of Human Development: Experiments by Nature and Design [M]. Cambridge: Harvard University Press, 1981.

长"栏目帮助学生从内心深处融入集体（见图7）。

图6　生态教育之家长学院　　　　图7　生态教育之班级成长日志

（二）体验生活，培养自理能力

生活教育主要从日常出发，引导学生了解生活的意义，培养其社会责任感，让其形成面向未来的人生追求，帮助其处理好学习与工作、生活的关系。集团根据学生心理发展的特点，在不同的时间节点设计了不同的教育主题。初一年级的主题是孝敬长辈、立规成习、待人接物；初二年级的主题是遵规守纪、文明诚实、积极向上；初三年级的主题是理想信念、正直勤奋、立志爱国。在周一晨会上，通过蓝鹰讲坛引领学生热爱生活；通过学生评议会让学生自己解决自己的事情；通过在校内开展多样化活动，比如青春贸易节、寒暑假社会实践等，引导学生在接触生活、感受生活美好的同时培养自理能力。

（三）规划生涯，实现人格自强

青春期的学生对自己的内在优势了解较少，自我察觉意识也较薄弱。这种自我觉察意识的模糊会降低自我效能感，从而导致学生缺乏动力，或者错误地用非正常方式寻求存在感，引起他人注意。通过统一规划（见图8），集团让学生在体验与探索的过程中进行正确的生涯认知、探索与规划，让每一个学生寻找到合适的发展目标，锻炼学生自强自立的人格。

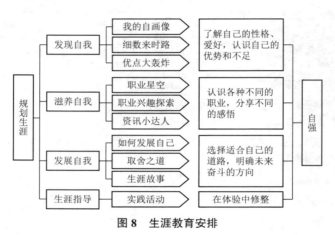

图8　生涯教育安排

（四）认识生长，提升自愈能力

生长教育主要指心理健康教育，包括：认识自我，认识青春期；适应环境，发展学习能力，建立良好的人际关系；积极表达情绪、管理情绪，能正确处理厌学心理，抑制冲动行为；逐步适应变化，培养应对失败与挫折的能力。生长教育的主关键词是自愈，次关键词是积极。集团结合成长银行评价体系，帮助学生自我治愈，并推行《"可以错一次"学生管理规则》，同时通过配合使用心理放松室，提高学生在生长过程中的心理弹性。

"可以错一次"学生管理规则

为培养学生的心理自愈能力，激发学生积极的心理品质，特制订"可以错一次"学生管理规则。

实施办法：

1. "可以错一次"指当学生违反学校学生守则，且该行为应受到校纪校规警告及以上处分的时候，学校将给予一次宽容的机会，不会对学生的第一次错误做出相应惩罚。

2. 学生"错一次"后应形成一份"自我发现与自我成长（Self-discovery and Self-development）"报告，剖析这次错误的原因，以及由此事件所带来的自我内心的成长。这份报告将被纳入学生成长银行。

3. 如果学生之后犯同样的错误，经德育处确认，将视情况予以处罚，并记入学生成长银行。

（五）重视生存，规避意外风险

生存包括自然生存和社会生存。生命教育应致力于提高学生的生存能力，帮助学生树立人与自然、社会和谐发展的生存观，建立适合的生存追求，学会判断和选择正确的生存方式，掌握应对生存危机的基本技能。集团通过特色项目生存训练营、线上线下联动的虚拟现实体验活动，让学生面对危机时能够有技巧地逃离危险，保护自身安全。同时，集团开设生命救援拓展课程，帮助学生学会处理突发情况。此外，集团还开展有针对性的解压讲座，鼓励和支持学生以积极的态度面对压力（见图9）。

图 9　生存训练营系列活动

二、"五维一体"生命教育的实施

（一）实施载体

生命护照，是生命教育开展、落实的反馈和评价载体，包括生命日记和生命存折两部分，对生命起着护佑和照看作用。生命护照的内页采用颜色"春华绿"，代表春天里的希望，充满了活力与生机。每个学生需要签署生命承诺书（见图 10），承诺不论发生什么，都会肯定自己、悦纳自己。

生命护照的前半册为生命日记，有成长故事、自我期许、寄语三大板块。成长故事采用生命叙事的方式，学生可以用文字、绘画等多种形式记录当日感悟、自我期许和寄语，获得正向、积极的自我支持

图 10　生命日记及生命护照内页

与自我反馈。在生命日记中，可以看到学生成长的点滴，看到生命成长的过程轨迹。

生命护照的后半册为生命存折。学生通过自我评价，将良好习惯和优良品德换算成成长币，通过生命存折存入成长银行；对存在的不足，则通过成长币的支出作为提醒，正视并努力改进这些方面。集团允许学生犯错，以增强其心理自愈的能力，助力其生命和谐发展，打破"唯分数论"的评价方式。

（二）载体的功能定位

1. 记载功能

生命护照是实现生命自觉的重要载体。成长故事通过引导学生每天对自我、对他人、对环境进行思考，记录生命成长过程的具体事件与感受。可以是正能量的挖掘，也可以是负面情绪的宣泄，意在让学生把真实的内心感悟表达出来，形成有价值的个体生命成长报告。

2. 引导功能

初中生敏感，可塑性强，需要正面、积极的生命经历反馈以促进生命的蜕变。自我期许，暗示个体向美、向好、向善发展。寄语则主要由成长导师、班主任、心理教师撰写。自我期许和寄语构建的支持系统，帮助学生在低落时走出困境、在迷茫时找寻方向、在孤独时得到劝慰。这是学生生命成长中最温暖的陪伴之一。

3. 反馈功能

反馈功能是生命护照的隐藏功能。生命护照可以根据学生的记载情况反映学生的真实想法和心理波动。尤其是针对有特殊心理问题的学生，生命护照的记录有助于教师发现他们的异常，便于班主任、成长导师、心理教师及时介入，给予恰当帮助，防止学生陷入负面情绪的恶性循环。

4. 评价功能

2001 年教育部印发的《基础课程教育改革纲要（试行）》明确提出，要建立促进学生全面发展的评价体系。不仅要关注学生的学业成绩，还要尽可能地挖掘其多方面的潜能，促进学生在原有能力层次上实现新的突破。美国积极心理学创始人塞利格曼和彼得森认为，通过实践活动，如践行感恩、及时行善、享受乐趣等行为，有助于培养个体良好的性格和乐观心态。

生命存折以"德育素养、学业进步、拓展能力"为日常内容，并通过累积成长币的方式逐渐引导学生将"人格自强、生活自理、心理自愈"固化成自己的人格特质，保持良好习惯和优良品德，助力生命的和谐发展。

同时，集团借鉴银行储蓄的理念，引导学生在生命存折上通过"存入"（正面行为）与"支出"（需改正的行为）的方式对自身行为进行评价，让学生明白成长中所犯的错误是可以被原谅、被改变的。学生可以根据生命存折了解自己一周表现的评价情况，并进行反思。通过学期累积，集团可以依托生命护照实现生命教育的过程性评价。

图 11　生命护照封面

生 命 存 折					
序号	日期	具体事件	存入	支出	结算
反思或感受					

图 12　生命存折内页

表 2　生命存折内容示例

日期	具体事件 ①	存入	支出	结算
11 月 11 日	1. 认真上课，积极举手发言 2. 老师的建议虚心接受 3. 做广播操时讲话	200	100	100
……	……	……	……	……

（三）效能机制

为更好地助力生命发展，避免惩罚性措施对学生自信心的消极影响，集团依托生命存折量化生命行为，搭建学生成长银行评价体系，促进学生在品德、学业、艺术、个性特长等方面全面发展。生命教育的效能机制——成长银行（基本架构如图 13 所示），汇总生命的过程性评价和总结性评价，使生命行为有形、可视、可测、可比，并实现多元评价的有机整合。

在具体实施过程中，学生每天通过自省反思，对自己的行为进行"存入"和"支出"。集团将存储总金额作为评选各项荣誉的重要依据，

---

① 参照《中学生日常行为规范》，每做到一个加 100，未做到则减 100。

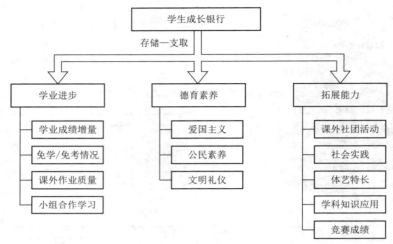

图 13　成长银行的基本架构

使评价机制优化。

（四）制度建设

为了保障生命护照的落实和使用效果，集团采用"全员·定制·督促·激励"四项制度——生命成长导师制、特殊群体关爱制、间隔检查督促制和及时评价激励制（见图 14），以保障生命教育实施

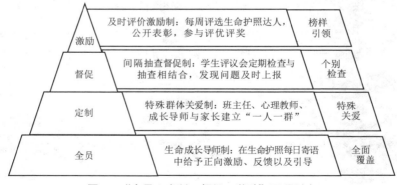

图 14　"全员·定制·督促·激励"四项制度

的行稳致远。

（五）活动落地

为了构建更全面的育人体系，充分发挥生命护照的作用，集团综合考量了学生未来能力要求，构建了"五必"日课活动体系（见图15）。这一体系作为生命护照日常活动的实践平台，旨在实现生命护照与生命教育的闭环管理。

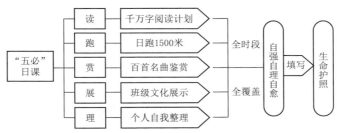

图15 "五必"日课活动体系

1. 每日必读，提升自我认知

阅读可以积累知识、增长智慧、滋养精神。集团通过千万字阅读计划，配以教师的阅读指导，让学生每天的阅读时间不少于1个小时。集团利用各种空间设置开放图书馆，每个班级的读书角开设"好书漂流"板块，并定期举办读书分享会、图书推介会（见图16），让阅读

图16 随处可见的阅读角以及读书分享会

成为学生的习惯，使学生在阅读中提升自我。

2. 每日必跑，锻炼体格意志

集团要求学生坚持日跑 1500 米，风雨无阻（见图 17）。这是对学生体力的训练，更是对学生耐力、韧性以及抗挫折能力的培养。日跑 1500 米强调规则，限时、限速、限路线、限程序，规范列队，统一步伐，展现学生的精气神。在跑的过程中，每个班级要喊出响亮的口号，铸就团队精神，展示奋发向上的集体风貌。它促进了学生的身心健康，有效地缓解了学生的学习压力。这种针对学生意志力的训练，可以顺向迁移到其他方面，引导学生逐步提高自我要求。同时，集团将每日的上下楼训练作为应急逃生演练，强化生存训练。

图 17　日跑 1500 米

3. 每日必赏，改善审美品位

音乐可以激活大脑的思考功能，使学生安静下来，让学生在面对压力或沮丧时舒缓心情。为了营造适合学生成长的艺术环境，培养生命个体审美能力，促进精神生命成长，集团每天用 8 首世界名曲代替下课铃声，并自制讲解材料。下课铃声每学期更换 1 次，学生在初中

3年中可欣赏到96首经典名曲（见表3）。这也是美育课程校本化的一个重要举措。

表3 下课铃声选曲节选

序号	曲 名	作 品 介 绍
1	《拉德茨基进行曲》	现在让我们来欣赏一段音乐吧。你现在听到的是老约翰·施特劳斯的《拉德茨基进行曲》，这是一首管弦乐曲，给人斗志激昂、精神振奋的激情，音乐跌宕起伏又和谐动听
2	《G大调弦乐小夜曲》	现在让我们来欣赏一段音乐吧。你现在听到的是奥地利作曲家莫扎特的《G大调弦乐小夜曲》第一乐章。该曲是莫扎特所作的十多首组曲型小夜曲中最受欢迎的一首。第一乐章以活泼流畅的节奏和短促华丽的八分音符颤音组成了欢乐的旋律
3	……	……

4. 每日必展，激励团体士气

根据布朗芬布伦纳的生态系统理论，文化属于人与环境交互的宏系统。建设正面积极的班级文化，有利于提升班级的品位与境界。班级文化会潜移默化地引导与激励学生，对其思想观念和行为发展产生深远影响。学校于每天中午开展10分钟的班组文化展示活动（见图18），

图18 班组文化展示活动

训练学生的表达能力，展示班级的愿景和价值观，以强化学生的自我期许，激励团体士气。

5. 每日必理，实现生命自觉

生命教育的本源是实现生命自觉。它表现为对自我、对他人生命以及对外在环境的自觉。[①] 整理是学生逐渐从依赖走向自主、独立的过程。从简单的生活整理和思维整理，再到情绪整理，这是一个循序渐进、由表及里的过程（见图19）。从生活中力所能及的个人事务打理，如书包整理、衣着仪容整理、用餐后碗筷和座椅整理、学习后学习用品整理，到学习中主次先后、轻重缓急的时间管理，最后到慎独与反省，通过这个过程，促使学生对德行进行自我修炼。学生通过坚持每日反思，填写生命护照，记录生命成长故事以及对自我进行期许，完成生命的一次又一次升华。

图19　每日教室环境整理

6. 使用路径

为实现真实的记载、积极的引导、及时的反馈以及科学有效的评

---

① 李政涛. 生命自觉与教育学自觉［J］. 教育研究，2010，31（04）：5-11.

价，集团明确生命护照的使用思路为集团各校领导直接分管，班主任和心理教师主导，全体教师共同参与。构建了以学校教育为主、家庭参与为辅的使用模式，搭建了每周表彰的及时反馈机制，以及以学生评议会检查为主的保障落实机制（生命护照使用流程如图 20 所示）。

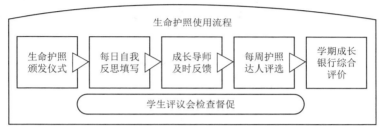

图 20　生命护照使用流程

（1）颁发仪式：开启生命之源

集团各校隆重举行生命护照颁发仪式，通过《乞丐的选择》这一故事让学生感悟不同选择的差异，意识到生命自觉的重要性与必要性，并以端正的心态开启生命自觉之路。

（2）自我反思：挖掘生命之美

集团各校要求学生在放学前做好"每日必理"，即利用 3—5 分钟进行生命护照的填写。在自我整理的过程中，学生认真记录当天感受最深的一件事，通过对自我的客观的审视和评判，让学生挖掘生命之美，真实记录今后需要改进的地方，并在后续进行自我监督改善。

（3）及时反馈：照亮生命之路

生命护照以学生使用为主，成长导师使用为辅，成长导师在"师语"一栏给予学生正向反馈与激励。这是一次成长导师与学生关于生命的对话，个别特殊学生在班主任和心理教师的帮助下完成对话。成长导师通过记录和追寻学生成长中的闪光点，及时发现学生的闪光点，帮助学生应对生命旅程中的一次次波澜与意外（见图 21）。

图 21　生命护照成长故事例选

（4）达人评选：点亮生命之光

榜样是生命中的光芒。护照达人的评选，就是为了寻找榜样、学习榜样、成为榜样、超越榜样。其评价标准与学习成绩无关，只要是态度端正、认真记录、认真反思并不断改进完善的学生都可以上榜。由此，通过正能量激励学生认真对待、反思和记录，以提高生命自觉意识。

（5）综合评价：提升生命之态

成长银行主要记录学生在德育素养、学业、知识拓展等方面的表现。它能够激发学生的潜能与热情，促进其在品德、学业、身体素质、艺术修养、个性特长等多维度上实现全面成长。同时，生命存折的具体记录，使评价有形、可视、可测、可比，使学生的成长得以量化和展现，从而实现过程性评价与总结性评价的统一。

综上所述，"五维一体"生命教育实践路径清晰，它贯穿德育全过程，实现了全环节、全方位育人。通过全过程、全环节、全方位的生命教育，集团帮助学生理性地认识自己，帮助他们学会用积极对抗消极，使他们在自强、自理、自愈中提升生命质量。自生命教育实施以来，学生在身体素质、审美鉴赏、阅读表达能力上都有较为显著的提升，个体多元潜能也被充分挖掘，每个生命都绽放出不一样的精彩。

第二节　以提升学生"三感"促"五育" 融合的评价体系建设

在"五育"并举的背景下，竺可桢学校教育集团积极探索学生综合评价体系建设，通过评价激发学生"向上、向善、向美"的内驱力，培养学生"惟求其是，公忠坚毅"的高尚情操，树立"高情远跖，卓立曲江"的远大志向。在评价体系建设过程中，集团积极践行"五育"融合，避免"五育"之间彼此割裂、平行发展，通过探索跨维度的综合路径，实现我中有你，你中有我，相互成就，相互促进，融合发展。我们不断完善尊重差异的学生综合素质评价体系，关注学生的个性，采用不同的方式激发学生的内在潜能，实现每个个体最大限度的发展。集团要求不断提升学生在学校的成就感、获得感、幸福感，以提升学生"三感"促"五育"融合的评价体系助力每一个学生的成长。

在该评价体系设计过程中，集团整合各校资源，统整规划，通过"以老传新，以新优老"的方式进行顶层设计，制订评价纲目，集团各校结合本校实际加以落地实施，实现评价的标准化与个性化相结合，普遍性与差异性兼容。

一、锚定"五育"融合的一般评价物

在评价体系建设中，我们尝试以一般评价物为抓手来融通德智体美劳五个领域，整合学校德育工作和教学课程体系，实现行政部门、

教研组、班级的协同育人。一般评价物是从一般等价物衍生过来的概念，一般等价物是从商品中分离出来的、作为其他一切商品价值的统一表现的特殊商品，具有衡量商品价值的功能。与一般等价物类似，一般评价物是用于统一衡量和展现学生良好行为的事物，通过它，集团各校可以对学生表现出的积极行为进行评价和表扬。

一般评价物的运作机制如下：学生各种积极表现—学校给予一般评价物—兑换各种奖励。结合各校自身情况，集团各校锚定的一般评价物为：点赞卡（竺可桢学校）、TOP币（浦沿中学）、蓝鹰币（滨文中学）（见图22）。

图22　集团各校锚定的一般评价物

一般评价物的发放、使用和兑换，都有相应的制度保障，何种表现获得多少一般评价物，教职员工使用一般评价物对学生进行奖励的规范，个人、班集体出现不当行为时应如何通过一般评价物进行惩戒，皆有明文规定。一般评价物可协调整合集团各校各个部门的评价行为，避免以往对学生进行荣誉表彰时各自为政、种类繁多以至难以形成评价合力的尴尬局面。

二、"五育"融合于给予学生"三感"的评价体系

针对学生在德智体美劳各方面的积极表现，集团各校将通过发放一般评价物给予学生肯定，从而不断提升学生在学校的成就感、获得感、幸福感。所谓学生的获得感是指通过以一般评价物为抓手的评价机制，让学生在"五育"中获得素养的提升；所谓学生的成就感是指通过以一般评价物为抓手的评价机制，让学生在"五育"中不断获得成功体验，从而提升自我价值认同；所谓学生的幸福感是指通过以一般评价物为抓手的评价机制，引导学生树立学习的目标，让学生爱上学习、爱上校园生活，帮助学生在德智体美劳各方面获得成功体验，让学生收获幸福。

（一）"五育"融合于有获得感的评价体系

以集团各校现行的各类教育表彰制度为依据，通过兼容性设计，借助一般评价物构建底层评价生态体系。在这个评价生态体系中，学生在德智体美劳方面都有获得成功体验的机会，每一个学生都有被认可的途径。这个评价生态体系面向每一个学生，并非少数学生"霸场"的舞台。该体系既能让有特长的学生展示所长，又能让学困生、无显著特长的学生也能有发现和表现自我的途径，通过外部激励来激发学生学习、表现的热情。

（二）"五育"融合于有成就感的评价体系

通过一般评价物，学生在德智体美劳各方面都得到发展，在不断地获得成功体验的同时，不断加强自我价值认同。一般评价物的样式由学生设计，集团各校还依托自己的课程体系成立文创制作社，学生可以根据自己的兴趣和特长在教师的指导下设计和制作各类文创产品，学生制作的文创产品又变成同学只能持一般评价物兑换的商品。文创产品涵盖绘画、木艺、泥塑、平面设计等多领域，甚至学生在学校农场种植的农产品也成为兑换的对象。从一般评价物的设计到获得，再到最后的兑换奖励，学生的德行得到表彰，聪明才智得到发挥，特长得到展现，劳动成果得到认同，在"五育"融合的路径上，每一个学生都收获了成就感。

此外，通过一般评价物，我们建立了学生表现进阶机制，如竺可桢学校通过点赞卡给予学生荣誉表彰。获得规定数量的红色点赞卡即为"求真少年"，获得规定数量的绿色点赞卡即为"求善少年"，获得规定数量的蓝色点赞卡即为"求美少年"，让学生拥有满满的成就感。

（三）"五育"融合于有幸福感的评价体系

形式多样的兑换方式让一般评价物的持有者收获幸福。由于可兑换学校提供的美食、文具以及学生参与设计制作的各类文创产品，一般评价物对学生充满吸引力。集团努力让一般评价物的兑换活动与学生的年龄特点相符，不断为学生带来新鲜感。由学生设计和制作的各类文创产品具有纪念意义和收藏价值，无论是文创产品的设计者还是获得者，在从制作到持一般评价物的过程中都能获得幸福感。

此外，一般评价物还加深了师生的情感联系，提升了校园幸福感。学生有积极的表现，教师给予其一般评价物，这不仅让学生获得了肯定，也使师生关系更加融洽。在校园里，学生不仅可以获得学术上的成功体验，还可以在充分的情感交流中感受到家庭般的温暖。

三、一般评价物促集团各校特色发展

以一般评价物为抓手的评价体系，为集团各校的特色项目发展注入了新的活力。浦沿中学是书画特色学校，该校文创社的学生在教师带领下创作的书画作品被制作成各类文创产品，其中的精品在学校艺术品拍卖会上拍卖，由学生持 TOP 币竞拍；该校 STEAM 社团制作的各类创意产品也被心仪它们的学生持 TOP 币购买，为该校特色项目的进一步发展注入了激情和活力（见图 23）。滨文中学快乐农场的农产品、木艺社制作的文创产品，都成了学生用蓝鹰币兑换的对象，模拟赛车体验项目也对所有持蓝鹰币的学生开放。在蓝鹰币的加持下，该校特色项目的吸引力、普及度得以进一步加强，有力促进了该校特色发展。

图 23　艺术品拍卖会

第五章

链式课程开发行动：
用课程体系保证学生发展

任何一所学校的改变以及对教育和课程的改革，都不能不痛不痒地进行，要下定决心做出真正的改变，否则就会重走老路。

课程体系的建设只有建立在人才培养的内在逻辑完整的基础上，才能真正发展出具有科学性和专业性的课程系统。集团重新反思初中阶段育人的根本目的和方式，希望能够培养面向未来的人才。他们应有健全的人格和独立的精神；他们应具备学习和思维能力，可以自主学习、解决问题，还可以进行批判性思考和创新；在社会生活方面，他们应拥有公民责任感、良好的人际关系处理能力、跨文化交流能力。此外，集团还通过让学生参与社会活动，培养学生三大核心公民意识。首先是规则意识，即培养学生形成遵守群体规范的良好习惯，并使他们具备制定新规则以改善现状的能力；其次是协商意识，学生应会运用恰当且高效的方式进行沟通与交流，确保在达成共识的基础上采取行动；最后是职责意识，鼓励学生勇于承担责任，对自己的行为负责。在此基础上，学校还着重提升学生的三大高阶能力：探究能力，倡导学生敏于思考、乐于探究、锐意创新；自主能力，通过激发学生的内

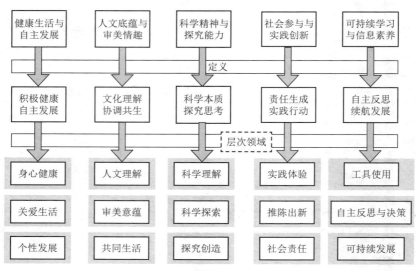

图 24　学校课程体系与素养发展

在学习动力，鼓励他们自强、自立和自愈；决策能力，通过训练"目标—问题—规划"的思维模式，使学生精于选择，敢为人先。

集团通过对课程体系的设计与开发，促进学生在以下五个核心维度上的全面发展：科学精神与探究能力、可持续学习与信息素养、社会参与与实践创新、健康生活与自主发展、人文底蕴与审美情趣（见图 24）。

第一节 "双链式"课程体系的设计与开发

一、"双链式"课程体系的内涵

"双链式"课程体系（见表 4）是以国家课程为中心，一头连着以跨学科为特征的交叉课程，一头连着以学科外延为特征的社团课程，从而构成的一个具有整体性、多样性的课程内涵结构。"双链式"课程体系，有利于强化课程之间的整体设计和逻辑关联，体现课程的整体性和实效性。

表 4 "双链式"课程体系

课程设计	课程类型		
	能力导向的基础课程（65%）	自主探究的交叉课程（15%）	多元发展的社团课程（20%）
关键词	国家课程的校本化实施（学科素养、深度学习）	跨学科的主题探究课程（跨学科素养、科学探究、应用创新、多元展示）	校本社团课程（学科拓展、个性选择、潜能展示）

课程设计	课程类型		
	能力导向的基础课程（65%）	自主探究的交叉课程（15%）	多元发展的社团课程（20%）
具体内容	语文、数学、英语、体育与健康、音乐、美术、科学、历史与社会、信息技术等	先期开发"梦想汽车STEAM 项目课程""木艺 STEM"	人文类社团科技类社团艺体类社团成长实践类社团
开发提示	通过对国家课程进行基于主题单元的二度开发与整合，强化课程与生活的联系，帮助学生掌握核心概念，培养他们的应用推理能力。在课程开发设计上，要以问题为导向，推动学生进行探究式学习。同时，应关注学生的高阶思维能力，如分析能力、评鉴能力和创造能力，以实现深度学习为目标。此外，还要对学科课程进行有意识的拓展，如将工程学元素引入科学实验室	参照 STEM 课程模式组织，探究、协作的学习过程是课程的核心体现，确定研究问题或现象，涵盖多个学科，整合国家课程的学科内容，注重学生在探究中的创造、设计和研发，可以根据研究主题决定课时	实现学科课程与社团课程的相互补充和衔接；对校本课程进行开发与实施；重视学生的特长发展和潜能展示

通过"双链式"课程体系，实现学生科学精神与探究能力、可持续学习与信息素养、社会参与与实践创新、健康生活与自主发展，以

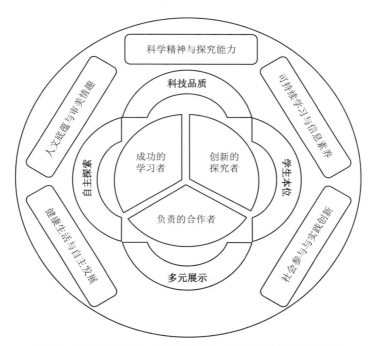

图 25 "双链式"课程体系建设目标、特色与核心素养关系图

及人文底蕴与审美情绪五个维度的综合发展（见图 25）。

国家课程是教学课程的主体。对于国家课程，集团进行了适度的二次开发。一方面，梳理与提炼教材，对国家课程进行基于单元与主题的模块化统整，部分学科通过活动、教学主题、学习项目来组织课程；另一方面，在梳理必修基础内容的基础上，设计国家课程的应用拓展模块（选修）以及个性化模块（挑战性发展），供学生选修或班内进行个性化拓展。

数学、英语、科学三科从初一年级第二学期开始实施"分层走班"教学，其中数学分 A、B、C 三个层次，英语和科学分 A、B 两个层次。原则上 A 层次教学班数占总数的半数以上，建立期末流动机制，调整标准为学生个人意愿（兴趣）、学生学业增量（潜能）、教师评价（依据学生的学业水平、交叉课程和社团课程表现等）。数学学科可允许跨层流动。

社团课程是校本化活动课程，其特点是"学科拓展"。初期，以开设面向全体学生的社团课程为主，在了解学生的基本学习需求和状况的基础上，结合集团教师的自身资源，先启动一系列课程；后期再整合校内外的资源，逐步完善并丰富集团的社团课程系列，力求做到人人有选择、人人有特长、人人有发展。社团课程涵盖科技、人文、艺体等领域（见表5）。

表5 "双链式"课程内容

课程领域	课程模块群	课程项目与名称	培养重点提示
科技	知识拓展类	学科拓展性的科技类社团课程：最强大脑	科学精神与探究能力、社会参与与实践创新、自主反思与持续发展
		基于跨学科主题的科技类社团课程：STEM动手实验	
	实践技术类	信息技术类课程：App开发、软件编程	
		创意设计课程：我的世界编程+、木艺STEM、蓝鹰机器人编程	
	创新探索类	合作与探究类课程：穿越虫洞之宇宙探秘 实践与探索类课程：你要的答案在这里	
人文	语言应用类	语言应用实践课程：光影人声	文化理解与协调共生、社会参与与实践创新
	文化理解类	文化赏析类社团课程：悦读经典，品味人生	
		文化体验类社团课程：世界这么大，我想去看看；中西文化对对碰；中外历史人物评说	

课程领域	课程模块群	课程项目与名称	培养重点提示
艺体	体育运动类	球类课程：足球智商、羽毛球、篮球基本技法与裁判法	健康生活与自主发展、人文底蕴与审美情趣、社会参与与实践创新
		舞蹈类课程：蓝鹰舞蹈团	
		特色或自主运动类课程：武术、棋类	
	艺术养成类	传统艺术门类的社团课程：蓝鹰合唱、电声乐队	
		生活艺术类："指"上花开	
		创意艺术类：铜画时代、创意油画	
成长实践	个人成长类	心理健康类课程：心灵 SPA	可持续学习与信息素养、社会参与与实践创新、服务意识
		能力建构类课程：行政组长领导力课程	
	社会参与类	劳动实践探索课程：蓝鹰农场 生命教育实践课程：人人急救	
全球胜任力	跨文化探究类	中西文化对对碰 笔友课程 世界文明史	国际视野、多元文化理解与协调共生、关注全球问题并寻求解决办法
	时事探究与行动类	模拟联合国 时闻辩论社 世界这么大，我想去看看	

　　社团课程原则上是国家课程的拓展与深化，体现应用性、体验感和专门化，与国家课程构成主辅关系，旨在提高学生的学习兴趣，促进知识的应用和内化。该课程采用团队兴趣活动方式，各类社团课程按一定比例进行总体规划与开发。所有社团课程原则上必须有一门以上国家课程作为支撑，在课程设计与实施过程中要加强学科教学资源

的融合，并将其列入学科课堂教学评价体系，以此改变课内教学与课外活动"两张皮"现象。同时，课程活动要规范，要确定课程标准、活动计划、评价指标、展示方式，鼓励有条件的社团实行双导师制[①]。社团课程固定开展时间为每周三下午，实施走班制教学。

社团课程建设依据"问题—设计—行动—反思—经验积累汇编"的工作逻辑，分三个阶段实现社团课程建设的自主化发展。在设计社团课程的要素时，我们针对课程目标、课程活动计划与建议、评价与考核、课时安排、导师配置与职责、课程纲要与课程学习手册的开发、指向个性化发展的课程档案建设等方面制定了具体的规范。

交叉课程是校本化选修课程，以科技探究为内容，参照 STEM 课程模式开发。交叉课程以"探究"为导向，以科技项目为教学载体，以"研中学"为学习方法，让学生在解决问题的过程中掌握相应的知识，激发学生的学习兴趣，培养学生的高阶学习能力，使学生获得多样的成就感。

交叉课程采用单元授课和走班选课的方式。现阶段先行研发"梦想汽车 STEAM 项目课程"和"木艺 STEM"两门交叉课程，按"初阶入门—创意设计—深度探究"三大模块设计，每一模块都有机整合相关学科知识并着力引导学生探究新的知识。

与此同时，一个科学的课程系统需要体现出课程的发展性、递进性和层次性，课程的设置也需要与不同年级的培养目标、学生的能力水平相匹配，反映学校课程能力标准的阶段性发展特点。借鉴国际课程能力标准的递进式设计原则，兼顾学生发展的连续性，依据学生能力的不同，我们将课程分为基础水平、发展水平和个性化水平。考虑

[①] 　双导师制，指课堂上由两个教师共同教学，其中一个为外教，另一个为学科任课教师。

到学校发展的现实需要，参考浙江省教育厅《关于深化义务教育课程改革的指导意见》，集团逐步推进课程的分层建设（见表6）。

表6 课程的层次分布

能力水平	基础课程（必修与选修）						校本课程（必修与选修）	
	语文	英语	数学	科学	历史	信息技术	交叉课程	社团课程
个性化水平（C）	语文个性选修	英语个性选修	数学个性选修	科学个性选修	历史专题选修	信息技术个性选修	深度探究	高阶社团课程（品牌）
发展水平（B）	语文选修	英语选修	数学拓展性选修	科学拓展性选修	历史拓展性选修	信息技术拓展性选修	创意设计	进阶社团课程（特色）
基础水平（A）	语文学科基础必修	英语语言基础必修	数学基础必修	科学基础必修	历史基础必修	信息技术基础必修	初阶入门	基础社团课程（兴趣）
说 明	依照基础水平、发展水平和个性化水平的进阶要求对课程模块进行重组和拓展，适应学生的发展需要和学习阶段的要求。逐步实现分层走班式的教学，在部分走班的前提下，可以在课堂教学过程中为学生提供不同难度层次的学习任务和作业任务，来实现学生个性化的选择与发展							

基础水平是指学生所要达到的基础要求与水平，是学生全面发展的基础。发展水平要求学生在达到基础水平后拓展新的学习领域，将所学知识运用到更复杂的现象和问题中，解决和分析更复杂的问题与情境。个性化水平则是在学生达到发展水平后帮助学生实现个性化发展，使学生能够培养兴趣，根据自身发展需要选择课程甚至开发课

程。集团致力于发展和完善以学生个性特点、能力倾向和兴趣焦点为导向的课程系统，确保课程真正为学生所用，而不是让系统束缚学生的发展。

二、主题建构，联合共研模式

课程团队基于"主题单元大概念""项目化学习"等课程建构理念，集中打造5—10门特色"双链式"校本课程，彰显集团各校课程建设的主题建构、大概念的嵌入和学习方式的变革，推动集团各校学习与评价方式的根本转型。

目前，集团通过多方协同，多源汇流，形成了校本特色课程的新活力，具体表现在以下三个方面。

（一）教师：课程建设的主力军

在集团四大课型（教授课、导学课、混合课和整理课）建设的基础上，各教研组也在分步推进不同课型的理论研究和实践探究，探讨不同课型的实践模式和课程规范，重点研究合作课堂的课程实践与创新。

以体育组为例，每周五节乐活体育课，其中两节为体育基础课，包括健康理论知识和国家教学大纲规定的必学知识，其余三节为体育专项运动能力课。体育课主要采取以行政班级为单位的授课模式，结合年级间的走班制教学，在课程开设前，会对学生的运动兴趣进行调查，同时结合集团各校体育组教师的专业技能特长，开设相应的专项运动课程，如排球、篮球、足球、羽毛球、啦啦操、传统体育、乒乓球等。课程开设后再由学生根据兴趣自主选择，学校会根据学生选择情况进行适当调整，以形成结构合理的专项班级，并据此进行课程安排。在课程实施的过程中，集团不断地积累经验，完善课程设计，以

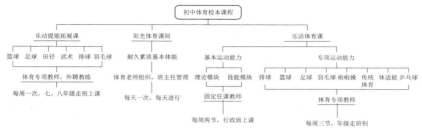

图26 体育模块课程结构图

形成具有学校特色的成熟的体育校本课程（见图26）。

（二）专家：课程发展的智慧锦囊

集团在课程建设过程中遇到过诸多瓶颈与困惑，急需专家支持。浙江大学教育学院的专家凭借他们在专业领域中丰富的专业知识，弥补了教师专业技能的不足，并激励教师不断学习专业知识。不仅如此，专家的支持还提升了教学质量，提高了学生的实践能力，增强了教师的课程意识，拓宽了教师的研究思路。在校本课程的实施过程中，特聘专家发挥了非常重要的作用。

（三）家长：课程建设的新生力量

集团秉持"每一位家长都是课程建设的参与者、组织者、实施者"的理念，倡导开展"家长进课堂"活动，整合家长的教育资源，形成课程菜单。家长委员会推荐有特长、热心学校公益事业的家长作为志愿者，利用周二社团活动时间，教师可以邀请家长来校给学生授课。如滨文中学的809班在"活动探究·新闻单元"大单元教学之后，邀请在《浙江日报》担任编辑的家长进课堂，为学生分享新闻人的生活与使命。让家长参与到课程建设之中，增强了学校课程的生命活力。

第二节 "双链式"课程成果：各美其美，美美与共

竺可桢学校教育集团在梳理总结浦沿中学和滨文中学过去几年在课程教学领域的经验和成果之后，成立了集团项目化教学研究中心，进一步探索和研究将两所学校所取得的成果在集团各校推广的方法，实现集团内各校资源共享，均衡发展。集团始终秉持着以学生发展为本的理念，努力实现由集团引导的、指向培养学生综合实践研究能力的课程建设，形成以学生发展为本的课堂教学模式，使教师改进传统教学方法，使学生的学习兴趣与学习能力得到有效提高。

一、竺可桢学校：整合集团优势，创设"求是"课程体系

竺可桢学校在设计课程之初，便借鉴集团各校的成功经验，以竺可桢的"求是"精神为指引，以"高起点、小而精、发展型"为定位，紧紧围绕"让学生成为学习者、探索者和合作者"的核心目标，开设竺可桢项目化科学课程，积极传承以"求是"为主导的竺可桢精神，将竺可桢的爱国精神、科学精神、开放精神和奋斗精神融入学校教育的各个方面，用开放包容的育人心态、不畏艰辛的办学实践、求真务实的科学精神，努力培养一代又一代有担当、有责任的社会公民。

（一）基于学科，建设融合项目的"求是"拓展课程

拓展性课程是基础性课程的延伸和补充，具有趣味性、互动性、层次性和选择性等特点，可满足学生的个性化学习需求，既是培养学

生综合素养的重要途径，也是丰富校本课程建设的重要内容。在集团的引领下，竺可桢学校在办学的第一个学期，便基于本校学生的基本学习情况和学习需求，结合本校教师自身的特长和资源，启动了一系列特色拓展课程。

1. 走进科学

科学源自生活，科学就在我们身边。"走进科学"课程带学生进入一个新的奇幻世界，传播科学知识，展现科学的独特魅力。这里有丰富多彩的科学实验待参与，这里有神秘的自然科学世界待探索，这里有各项 STEM 课程待体会，这里有各种项目化学习待设计。相较于传统的科学课堂，这里更希望让学生体验并理解科学的魅力。

2. 世界文化遗产荟萃

人类在漫长的演进历程中创造了辉煌璀璨的文化，留下了无数优秀的文化遗产。学习"世界文化遗产荟萃"这门课程，通过对文化遗产进行深层次的剖析，培养学生的文化自信和国际意识，拓宽学生的知识面。

3. 趣味编程

本课程采用的语言为 C++，学生可以通过该课程掌握一定的算法知识，了解初级数据结构的应用。从基础的算法内容开始，到动态规划、最小生成树等知识点，培养学生的算法思维，提高逻辑能力。学校会定期组织学生参加面向全国中小学的编程比赛，以及省、市、区的各级编程比赛。

4. 美术策展人

策展人就像链条，在艺术生态圈中连接艺术家和社会公众，对画家来说，作品是他的展出；对策展人来说，整个展览是他的舞台。在这里，学生将知道一场完整的美术展览是如何诞生的。在这里，学生将经历"艺术构思—创作实践—策划展览"的完整过程。学生将运用各种神奇的媒介来"玩"美术，实现美术创作的无限可能。在这个课程中，既为画家又为策展人的学生，将为校园策划一场属于自己的美术展览。

5. 带着心灵去旅行

本课程适合各班心理委员和对心理学感兴趣的学生。课程中将介绍中学生心理健康相关知识，并通过视频、案例讲解等方式介绍常见心理问题的表现和解决方法。此外，课程中还设计了朋辈助人技巧实操训练，提高学生的人际沟通能力。

6. 激情飞扬"体适能"

为丰富校园的课余文化生活，为给热爱运动的学生提供展现自我的平台，学校设计了"体适能"课程。"体适能"课程旨在通过开展体适能训练，提高学生的身体素质，培养学生团结向上的精神。通过组织开展校内体适能社团活动，使学生认识、熟悉和喜爱体适能运动，锻炼体魄，保持活力，掌握从容应对外界环境变化的能力。此外，本课程还能活跃校园的氛围，提高学生的综合素质。

7. 藕舫剧社

藕舫剧社通过话剧影视欣赏、话剧剧本品读与撰写、话剧演绎等形式，帮助学生了解话剧相关知识，引导学生不断发现自我，体验成功的快乐，提高学生感受美、欣赏美、表现美、创造美的能力。剧社秉承"以舞台延续课堂，用戏剧拓宽教育"的宗旨，旨在丰富校园文化的同时，培养学生对话剧的兴趣和热爱，开拓学生自己的戏剧舞台。

8. 中西文化对对碰

语言是人与人进行交流的一种工具，是文化的载体，也是文化的组成部分。学生在学习和掌握英语这个交流工具的同时，还要了解国外的历史和文化，增进对不同文化的理解。在全球化背景下，本课程意图消除中西方文化之间的误解，培养学生对不同文化的尊重意识，提升学生对英语的兴趣，引导学生认识文化冲击并对该现象进行思考。

（二）基于情境，开发融合项目的"求是"精品课程

为了让真实学习自然发生，引导学生在真实情境中发现问题、创造性地解决问题、在解决问题时发现新的问题，将学习素养转化为持续的学习实践，学校创设系列项目化学习活动。该系列活动旨在使学生在持续探索问题的过程中，调动和激活已有的知识和技能，形成可迁移的思维方式，体会应用知识解决实际问题、创造美好世界的乐趣，感受学习的意义。

1. 模拟法庭

模拟法庭是法律实践性教学的重要方式。模拟法庭通过案情分析、角色划分、法律文书准备、预演、正式开庭等环节，模拟刑事、民事、行政审判及民商事仲裁的过程，调动学生的积极性与创造性。学生通过分析和研究案例，了解法律知识，提升法治意识；通过亲身参与，将所学到的法律知识综合运用于实践，达到知行合一。通过该课程，我们可以增强学生的守法意识，预防未成年学生违法犯罪，促进平安和谐的校园环境建设。

2. 模拟联合国

模拟联合国（简称"模联"），是对联合国大会和其他多边机构的仿真学术模拟。在课程中，学生扮演不同国家或地区的外交代表，参与围绕国际上的热点问题召开的会议。代表遵循议事规则，在会议主席团的主持下，通过演讲来阐述观点，为了"国家和地区利益"辩论、磋商、游说。模拟联合国活动的开展有利于提高学生的组织、策划、管理能力，研究和写作的能力，公开发言和辩论的能力，解决冲突、

求同存异的能力，以及与人沟通交往的能力等。

3. 校园气象科普基地

"校园气象科普基地"课程以初中科学课程中与气象相关内容为基础，在校内开展校园气象站施工建设、设计人工气象观测仪器、设计自动气象观测仪器、设计 AI 智能观测仪器、气象数据采集与分析、实验分析与对比等活动。该课程旨在实现三个目标：一是打造滨江中小学气象科普精品示范项目"竺可桢校园气象科普基地"；二是通过"人工—自动—AI 智能"的观测实践体验，创新自然科学学科学习模式，提高学生思考分析能力；三是通过校园气象站项目的建设，将地理教学、农业气象、气象文化等内容不断融入项目中，孵化优秀教学案例和课题项目。

4. 生态教室

依据建设场地及实际使用场景，学校打造了服务中小学劳动教学、科学教学、学生综合实践、现代化农业科普的生态教室，建设与智慧农业、劳动等特色课程相结合的沉浸式观赏、教学体验空间。生态教室将打造独立的种植空间，配套现代化农业技术，以展示、科普、实践功能为主，可以为主题教学提供支撑。该课程主要满足学校在劳动课教育、学科教育、现代化农业科普、课后兴趣小组等项目的需求，确保教育功能的实现。同时，该生态教室还具备一定的示范意义，具有展示功能，可以对外开放参观，向其他学校和社会各界分享和宣传劳动教育等相关政策和内容，推动教育理念的普及。

二、滨文中学：共建特色课程与新型空间，实现"五育"融合

滨文中学致力于探索"新型初中"的教育范式，践行"未来学

校"的教育理念，培养"现代公民"的高品位、现代化素养和创新能力。学校以"科技品质、探究导向、生本特色、潜能展台"为办学特色，以"让学生成为学习者、合作者和探索者"为办学理念，积极开发 STEAM 相关课程，努力提高学生的学习兴趣与学习能力。

（一）基于探究导向，探索交叉课程项目

学校聘请高校学科教育专家、学习科学专家，结合学科与真实生活情境问题，设置以跨学科整合为特点的交叉课程。该课程以科技探究为内容，参照 STEAM 课程模式开发，以科技项目为教学载体，采用单元授课和走班选课的方式，按"初阶入门—创意设计—深度探究"三大模块设计。每一模块有机整合相关学科知识并着力引导学生探究新的知识，让学生在解决问题的过程中掌握相应的知识，从而激发学生的学习兴趣，培养其高阶学习能力。该课程融合了多学科知识与方法，激发了学生在人文、科技、艺体等方面的学习兴趣，有效带动了学校的课程整合和学科整合（见图 27）。

图 27　交叉课程项目模块分类

多层次多维度的合作构建了新的学习共同体，专家的理性思考和他们对教育理念的执着贯彻，将高校"探究、改革、创新"的文化特质带入一线课堂，引领校本化特色学习项目发展和优化前进的方向；行业专业人士审查课程内容的科学性和严谨性，审核和修订校本课程的学习目标和评价内容，保证其准确有效；一线教师在伙伴的协同合作下进行课堂教学，并将教学过程中发现的问题和学习共同体进行分享，共同探索，促进教育实践的改善。学校现阶段联合初中教师、高校专家和行业专业人士共同研发了"梦想汽车 STEAM 项目课程"和"木艺 STEM"两门交叉课程。

"梦想汽车 STEAM 项目课程"通过渐进的项目挑战与富有趣味的学习情境，引导学生以团队的形式探索汽车背景知识、自主设计汽车模型、操控汽车性能实验和模拟汽车市场销售等。课程围绕"汽车"这一主题，融合多学科知识与方法，促进学生学科核心素养与综合实践能力的提升。此外，学生在运用各学科知识解决问题，进行科学探究、创新设计和动手实践的过程中，实现动手与动脑相结合。在科学探索、工程设计、技术实践的问题解决过程中产生创新性的劳动成果，从而使学生认识劳动价值，以亲历劳动实践引领学习方式变革，促使学生形成正确的劳动价值观和劳动品质。课程发展了学生的创新思维，培养了学生的创造性劳动意识，为培养内心丰盈的个体、积极行动的公民、新时代社会主义建设者和接班人打好坚实的基础。

"My Dream Car"项目是"梦想汽车 STEAM 项目课程"的核心驱动力（见图 28）。"My Dream Car"项目下设置四个闯关式的子项目——"进军展览赛事""设计梦想之车""研发汽车模型""冲击销售市场"，并在最后设计总结回顾模块。

课程的项目目标、内容及对应的评价均结合专家的意见进行了修改完善。课程的项目目标、内容如表 7 所示。在实施过程中，学校实行三

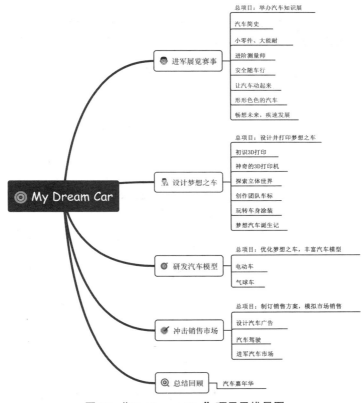

图 28　"My Dream Car"项目思维导图

表 7　"梦想汽车 STEAM 项目课程"的目标及内容

项目情境	子项目	学员角色	目　　标	内　　容
汽车学院	汽车简史	小小学徒	学习、了解汽车诞生发展的历史；训练学生收集信息、总结信息的能力	汽车的定义；回顾汽车发展历史；展望未来汽车发展方向；整理汽车发展图

项目情境	子项目	学员角色	目　标	内　容
汽车学院	小零件、大能耐	小小学徒	描述汽车的基本零件构成；了解汽车重点零件的名称、类型、样式与功能；通过相关项目训练学生自主思考、发散思维的能力	描述汽车的基本零件构成；了解汽车重点零件的名称、类型、样式与功能
	进阶测量师		学会使用测量工具——游标卡尺；完成零件三视图的绘制	游标卡尺的使用、绘制三视图
	安全随车行		了解汽车内部的被动安全装置及其作用；理解不同年龄段安全座椅的类型与区别；在汽车上成功安装儿童安全座椅	了解汽车内部的被动安全装置及其作用；理解不同年龄段安全座椅的类型与区别；在汽车上成功安装儿童安全座椅
	让汽车动起来		了解发动机装置的组成，理解发动机工作原理，清楚动力传递的过程；学会根据发动机相关的重要指标评判汽车性能	发动机装置的组成；发动机工作的原理
	形形色色的汽车		了解目前几种常用的汽车分类方式及特点；学习如何用图形表达方式进行分类；能够运用图形表达方式对若干辆汽车进行分类	了解目前几种常用的汽车分类方式及特点；了解如何用图形表达方式进行分类，如树状图、维恩图；能够运用图形表达方式对若干辆汽车进行分类

（续表）

项目情境	子项目	学员角色	目　　标	内　　容
汽车学院	畅想未来，疾速发展	小小学徒	了解新能源汽车、无人驾驶的定义与特点；能够分析新能源汽车、无人驾驶的优缺点；描述所期待的未来汽车概念（造型、驱动形式、能源动力、运动形式等）	新能源汽车和无人驾驶的定义、特点及优缺点
汽车设计所	初识3D打印	汽车设计师	对比传统制作与3D打印制作的程序、原理；分析3D打印技术的优势与局限性；畅想3D打印技术的发展前景与可应用领域	3D打印制作的程序、原理、优势与局限性
	神奇的3D打印机		掌握3D打印的基本流程并进行操作；了解3D打印材料的特点；能够使用3D Builder组合搭建简易小汽车的立体图形	3D打印的基本流程；3D打印的材料特点；使用3D Builder
	探索立体世界		探索二维世界与三维世界的联系，对立体空间进行感知	绘制车模的三视图；在3D Builder中对车模进行建模
	创作团队车标		理解著名车标的设计理念；设计团队梦想之车的原创车标	车标设计理念；绘制车标设计图；使用3D打印笔；理解3D打印技术的优势与限制

项目情境	子项目	学员角色	目　标	内　容
汽车设计所	玩转车身涂装	汽车设计师	了解车身涂装的作用；从著名赛车涂装上获取灵感来源与美感体验；进行梦想之车车身涂装	车身涂装
	梦想汽车诞生记		在画图 3D、3D Builder 中完成梦想之车的最终外形改造；用 3D 打印笔绘制车标	用 3D 打印笔绘制车标
汽车工厂	优化梦想之车	技术开发员	对制作的梦想之车进行修改、优化，建立产品迭代的意识	结合世界知名汽车的设计稿，对制作的梦想之车进行修改、优化、完善

维评价体系，做到评价方式多样化、评价主体多元化、评价内容个性化。

"木艺 STEM"课程则以"非遗"文化技艺传承为切入点，借鉴 STEM 课程开发模式和跨学科整合设计思路，系统构建"做中学""研中学"的学习新机制，通过对学生多样性兴趣的深度激发和泛学科知识的有效建构，致力于学生学业关键能力的精准培养和学科教学质量的有效提高。

课程采用自主学习的方式，学生在专门设计的平板电脑上学习。该平板的系统共有七个学习模块："模仿视频""创意设计""工程实验""梦工厂""智能加强""新品推广会""脑洞开开开"。目前已有黄油刀、木蜻蜓、拱桥、鲁班锁、动力小车等十二个学习项目。在课程实践过程中，一线教师提出将"木艺 STEM"与"3D 打印"课程相结合，以此来提高学生的学习体验与学习效果。经过高校和行业专业人士的综合评估和研讨后，学校对"木艺 STEM"课程进行了新的补充。

"木艺 STEM"课程推动了学生自主创意、自主制作、自主探索、自主评价能力的发展，培养了学生自主建构知识的高阶学习能力。

（二）基于"五育"融合，建设新型教学空间

"美好教育"是杭州面向 2035 年教育现代化建设的主要目标，核心在于"办好人民满意的教育"，办"学生健康成长、教师职业幸福、人民感受公平、服务社会进步"的教育，强化教育的内涵发展、特色发展、多样化发展，培养担当民族复兴大任的时代新人。新型教学空间课程的实施是学校美好教育的体现。新型空间的建设给了学生更多的可能性，给学生提供了更好的学习体验，激发学生进行自主探究，也为学生职业生涯规划提供一种新的探索模式。

高校专家团队通过有效规划学校基建设施，在有限的空间里建设多种新型教学空间，如空中农场（基于"五育"模式的劳动教育空间），衍生教育课程资源，从而改进一线教师教育的教学策略，从教育系统理论着手，结合切身体验，将理论与实践有机结合，以此培养出符合基础教育改革发展需要的研究型教师。

新型教学空间的使用遵循开放性和共生性的原则。

开放性即对象开放、课程开放、功能开放。从空间规划与空间建设层面看，为最大限度发挥新型教育空间对学生的教育意义，在新型教学空间的建设过程中，学校不仅为不同空间配套了对应的课程，还将对应的课程排入每一个学生的日常课表，提高教育空间的"人流量"与"使用频率"，保证课程的开放性。同时，充分发掘新型教育空间的"副业"，让新型教育空间可以承载更多的教学功能，只要教师或学生有教学或学习的需要，通过常规渠道申请使用，即可在较短时间内正常使用该教育空间，以真正实现新型教育空间的功能开放性。

共生性即"师生—空间"共生。为了空间可以持续为学校教育"发光发热"，需要给"冷冰冰"的物理空间注入生命力，从知识共生、

情感共生、经验共长三方面，打造"师生—空间"共同体，坚持"师生—空间"共生这一建设原则。学生的学习成果、教师的教学经验和反思小结等将成为空间"生长"所需的养分，完善新型空间课程的建设方案，从而形成"师生建设空间—空间滋养师生教学"的良性循环，让新型教育空间具有持续的活力，发挥出更大的教学意义与教学价值。

以空中农场为例，为实现空中农场的多功能性，探究不同学科在空中农场中的实践模式和实施策略，开展新劳动教育，一线教师携手高校专家，对学校学情进行普查，深入研究学生的认知水平、心理特点及家长的基本态度，在活动呈现方式和课时安排上进行分层设计。

学校利用学校现有的闲置覆土屋顶，将其改造为农场，学生可以在其中进行农耕实践，了解农业物联网科技、大数据平台、生命环境、信息化技术的使用方法。空中农场利用学生常规课堂 40 分钟以外的学习时间进行延伸性学习，有少年农科院、少年计科院以及其下设的跨学科学习中心、深度学习中心和未来学习中心五个多功能应用场景。

1. 少年农科院

为促进美好教育的多元选择，尽可能满足不同群体对教育的需求，教师和学生可直接在空中农场（见图 29）中，认领属于自己的植物，

图 29　空中农场

开展钱江农耕学习活动。通过
少年农科院，学校在开展劳动
教育的同时也培养了学生的责
任心与尊重生命的意识，促进
"以劳树德、以劳增智、以劳健
体、以劳益美、以劳悦心"的
达成。学生通过动手研究自己
感兴趣的课题，自主探究。这
种学习模式可以达到更好的教
学效果，构建与时俱进的育人
新体系，实现每一个学生的美
好成长。

　　少年农科院除了能让学生
认领土地开展种植活动，还能
为学生提供更加专业的设备，
优化资源配置。在种植过程中，

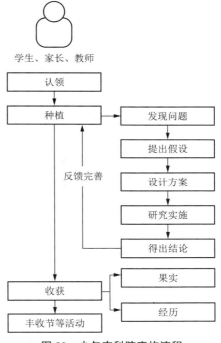

图 30　少年农科院实施流程

教师和学生可以申请自己感兴趣的课题进行自主探究，课题的实施过
程由校内外专家团队进行评价、改进、监督，并及时提供反馈，力争
让每一个学生都能通过少年农科院解决自己想要解决的问题，让学生
能够在收获果实的同时，收获种植和科学探究问题的经验。图 30 为学
生在少年农科院提出和完成课题的实施流程。

　　例如，学生以生活中遇到的实际问题"生虫子的种子能萌发吗？"
为切入点，进行课题研究。在基本掌握育种的技能和影响植物种子萌
发的基本因素知识的基础上，学生可以借助物联网收集种子萌发过程
中产生的各类数据，同时利用延时摄影技术，记录实验过程。

学生课题报告的实验设计（部分）

一、设计实验方案——正常种子和虫蛀种子的萌芽率探究

借助空中农场的种植机，采用控制变量的实验方法，设计实验方案，选择条件基本相同且等量的种子，分别用马克笔标记"虫蛀"和"正常"。为两份种子提供相同且适合萌发的条件，通过传感器监控保持影响条件不变，从而探究正常种子和虫蛀种子的萌芽率。

表8　种子萌发率实验观察记录表格

日期	A组（虫蛀种子）			B组（正常种子）		
	温度	湿度	萌发比例	温度	湿度	萌发比例
			/			/
			/			/
			/			/
			/			/
			/			/
			/			/
			/			/
			/			/
			/			/
			/			/
			/			/

二、设计进一步实验方案——种子的生长速度和种子虫蛀部位对种子的影响探究

借助空中农场的延时摄像机与直尺进行观察测量，收集种子的

生长数据（萌芽的长度、生长情况），并将典型的种子进行解剖，观察分析，研究种子的生长速度和种子虫蛀部位对种子的影响。

表9　种子的生长速度和种子虫蛀部位对种子的影响研究记录表

观察日期	种子编号	虫蛀部位（无、胚根、胚芽、子叶）	长度	生长情况

三、得出结论

在分析实验数据时，需要细致入微地验证先前的猜想，确保实验结果的准确性。随后，通过对比单子叶植物与双子叶植物种子结构的异同，将实验结果进行科学迁移，深化对植物种子结构多样性的理解。在此基础上，未来的研究可进一步拓展思路，如选择更多种类的种子进行实验，以拓宽观察范围；深入探究种子中虫子的来源，揭示其生态机制。同时，不断优化实验设计，提高实验的科学性和可靠性，从而为学生在植物学领域的进一步探索奠定坚实基础。

通过小组合作，让学生对课题方案进行设计，可以帮助学生理清实验思路，锻炼学生的逻辑思维能力。通过周期性的数据记录，可以培养学生的自律习惯，让学生在自行探究中得出结论，并根据观察到的现象发现新问题，再进行改进，启蒙学生的科学探究精神。

2. 少年计科院

空中农场的搭建是基于物联网技术，学生可以借助空中农场场地，学习相关物联网知识，在物联网知识的有针对性的实际应用中，学生的信息素养得以提升，学生得以掌握创新创造的必备知识，学生的创新创造能力也得到提高。

在物联网试验田这一应用中，学生可结合信息技术物联网与人工智能的内容开展学习，通过学习使用物联网传感器，自行组装搭建小型种植控制系统（见图31），并通过从该控制系统中获取到的相应数据，结合人工智能和创意编程，让植物更健康地成长。这一过程不仅提升了教育效果，还让学生获得了满满的成就感。

图 31   小型种植控制系统

　　研究统计显示，尽管自动化灌溉系统和传统灌溉系统的成本差不多，但前者却可通过智能控制，避免水资源的浪费。绿化自动喷灌系统不需要人的控制，系统可以自动监测灌溉时间和灌溉时长；可以自动开启或关闭灌溉；可以实现在土壤太干时增大喷灌量，在土壤太湿时减少喷灌量。学生结合 Arduino 编程控制板、湿度传感器等物联网套件，选取合适的物联网传感器，编写程序，检测土壤湿度或水位高度，从而实现在植株需要加水时适量加水的功能。学生设计系统实现节水智慧灌溉的功能，模拟真实的智慧喷灌场景，能够培养学生的创新能力、探究能力、组织能力及团队合作精神，提高学生的社会竞争力。

　　学生通过设计并制作智慧喷灌系统的活动，形成"提出问题—设计方案—建构实现—运行调试—改进提升"的产品设计思维；通过控制、反馈、编程等方式完成智慧喷灌系统运作的任务（见图32），体会优化和迭代的思维过程；学习传感器与控制板的相关知识，进行智慧灌溉系统的组装和拼搭（见图33），通过电脑编程的方式调整智慧灌溉系统参数，实现智慧灌溉系统的运行。通过在真实情境中体验项目实施的整个流程，学生的新型劳动思维得到培养。

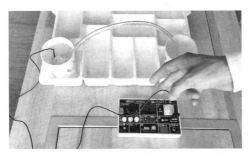

图 32　智慧喷灌模拟场景

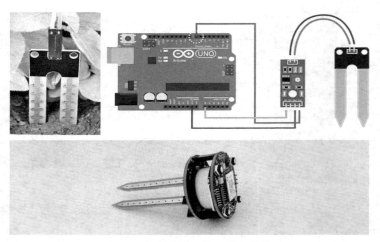

图 33　智慧灌溉系统组装和拼搭

3. 跨学科学习中心

跨学科学习中心将结合多学科知识，融合多学科特点，选取生活中遇见的问题让学生进行项目化探究。例如，在空中农场中应如何实现滴灌系统，"中水"如何实现循环利用设计等。每一个项目化学习探究都将结合科学、数学、信息技术、艺术、工程等多门学科知识，学生可以从这些项目化学习中学习到相关的、超越初中阶段必备的知识，初窥职业生涯规划，为职业启蒙教育做铺垫。

例如，语文教材收录的《植树的牧羊人》，讲述的是一个年长且没有受过什么教育的农夫靠自己的毅力和辛勤劳动，让昔日寸草不生的荒芜高原变成了绿树葱茏的幸福之地的故事。通过学习课本文章，引导学生积极思考"我要成为一名怎样的未来劳动者""我能通过劳动为环境带来怎样的改变"等问题，使学生树立正确的劳动价值观，并在此基础上畅想未来的劳动，不断明确自身的未来劳动价值目标与未来劳动发展方向。

交叉课程：未来环境美化师

一、畅想目标

（一）能正确掌握默读方法，圈点勾画关键语句，抓住主要信息，理清文章思路，认识传统劳动的方式与过程。

（二）能正确认识牧羊人这一劳动者形象，能预见传统劳动者的未来劳动转型方向。

（三）能结合自身生活体验，思考牧羊人植树这一劳动行为的意义，探究劳动价值，树立正确的劳动价值观。

（四）通过辩论、写作等形式，畅想未来劳动，书写对"未来环境美化师"的认识及对未来劳动生活的想象与期待。

（五）结合写作内容和对景观类植物的学习，用规划植株种植的方式，实现自己对环境美化的设想。

二、实现方式

（一）课时计划

6课时（群文阅读2课时，延伸阅读1课时，景观植物学习1课时，种植规划2课时）。

（二）方式选择

1. 重组教材内容。以"畅想未来劳动"为主题，将语文教材七年级上册的《植树的牧羊人》、八年级上册的《愚公移山》、八年级下册的《桃花源记》三篇课文进行重组，开展新的未来劳动主题单元教学。

2. 实施多元化文本阅读策略。通过多篇文本的交织对比与深度解读，加深学生对未来职业领域的多元认知，激发他们对未来工作图景的丰富想象力与创造力，从而深化他们对未来劳动形态的理解与期待。

3. 提供学习支架，自主设计。学生通过对植株的学习，掌握植株的基本外观特征，按照文字描绘的景观，选用不同植株来实现这一设计。

（三）资源支持

1. 为学生提供与"未来环境美化师"相关的图片、文字、音频、视频等形式的资料，使学生从多角度认识未来工种与未来劳动。

2. 为学生提供有关传统劳动、现代劳动的背景资料，使学生对人类的劳动发展史形成基本的认识，并在此基础上对未来劳动展开合理的构想。

3. 为学生提供不同植株的图片资料，让学生根据自己的构想，选择合适的植株，通过图案化种植的方式，实现自己的构想。

（四）操作流程

1. 群文阅读，了解劳动事迹。

2. 圈点勾画，落实语文要素。

3. 对比阅读，认识未来工种。

4. 主旨探究，明确劳动价值。

5. 讨论交流，畅想未来劳动。

6. 学习植株知识，设计种植方式。

7. 落实图案化种植，实现未来环境构想。

（五）成果展示

1. 文本拓展。搜集并阅读其他介绍"环境改造师"事迹的文本素材。

2. 小记者采访。围绕"畅想未来劳动"这一主题，以小组为单位开展采访活动，并形成书面的采访报告。

3. 未来环境设计方案评审。以小组为单位展示自己的构想与图形化种植方案，并进行评审。选取最佳方案，进行空中农场种植实践。

教师重组教材内容，由单篇课文教学走向群文阅读教学，通过文本之间的相互诠释、相互阐发，不断加深学生对未来工种的认识。通过圈点勾画，落实语文要素；对比阅读，认识未来工种；主旨探究，明确劳动价值；讨论交流，畅想未来劳动；学习植株知识，设计种植方式；落实图案化种植，实现未来环境构想，将语文与劳动教育有机结合，融入价值观的培养要素，构建出新型教学空间下的交叉课程。

4. 深度学习中心

在深度学习中心，教师可以结合八年级科学学科《植物生命活动的调节》的学习内容（见图 34—图 36），通过延时摄影，让学生更直观地观察植物生长的过程。教师在日常教学中也可以随时调用该实时视频辅助教学。同时，师生可以在"植物生长直播间"进行更科学合理的实验，更加严格、精确地控制变量，精准地探究影响植物生长的因素。

在农作物传统种植方法的基础上，引入物联网技术辅助种植，借助传感器进行土壤检测，并将土壤的温度、湿度、pH 值等检测数据实时反馈至学校农业智能平台上。学生自主探究植物从选种、育苗、放苗、浇水、施肥至植株成熟的成长全过程。在这一过程中，学生学习传统劳动技能和物联网技术，培养了科学探究精神，感悟了智慧劳动的价值，形成了良好的劳动品质。

图 34　物联网水位感应

图 35　植物的生长

				植株生长记录表						
日期	植株种类	植株高度	叶片个数	植株样态（图）	温度	湿度	无机盐浓度	光照	CO$_2$	____

					植株生长观测记录表										No
植物生长条件	空气湿度 60%RH		空气温度 13.5℃		光照度 38lux		CO$_2$浓度 1437PPM		风速 0.2m/S		土壤温度 11.5℃		铁率 29.6%		
观察日期	D$_1$	D$_2$	D$_3$	D$_4$	D$_5$	D$_6$	D$_7$	D$_8$	D$_9$	D$_{10}$	D$_{11}$	D$_{12}$	D$_{13}$	D$_{14}$	
植株高度(cm)	1	1.1	1.3	1.7	2.5	3.5	4.9	6.3	8.1	10.1	10.9	12.1	12.4	12.4	

图 36　植株生长记录

5. 未来学习中心

在未来学习中心，学生可以深入接触科技前沿知识，通过虚拟现实技术进入接近真实的学习环境，掌握微观世界的知识，借助虚拟学习环境，通过高度参与互动、演练提升技能。通过大数据、人工智能等技术，帮助学生认知未来农业，培养学生自主挖掘自己学习兴趣的能力。

随着我国智慧农业的快速发展，为探索更便捷的果实采摘方式，学生使用大疆 RoboMaster EP 模型设备，通过图像识别技术，进行遥控抓取、编程自动化抓取、运输等任务，模拟不同智慧采摘场景（见图37），体验智慧采摘。这一模拟活动培养了学生的创新能力、探究能力、组织能力及团队合作精神，提高学生的社会竞争力。

图 37 体验智慧采摘

智慧农业：采摘机器人项目（节选）

驱动性问题：如何运用智能化手段改变传统农业运行模式？

一、方案设计

（一）小小设计师

为学校设计一款农业机器人，减轻农业从业人员的劳动负担，减少人工开支，提高收益。

表 10　项目分析表

小组名称		小组成员	
项目名称	农业机器人	项目用途	
所用材料			
存在困难			
绘制产品原型图			

（二）我是小评委

展示各小组设计方案。每组选出 1 人作为汇报人回答小评委的问题，其余成员作为小评委对其他小组的设计方案提问。

小组根据小评委提出的问题或建议，修改优化设计方案。

各组展示最终方案，学生进行投票，选出设计合理、可行性高的农业机器人产品设计方案。

二、建构实现

（一）任务

根据设计方案，选择合适的材料和工具，小组合作动手实践，搭建无人农业机器人设备，并实现以下三个任务。

任务一：通过遥控的方式，让农业机器人识别成熟作物，并在模拟的田间道路（赛道）上实现搬运农作物到指定地点的行动。

任务二：通过无人操作（编程）的方式，让农业机器人识别成熟作物，并在模拟的田间道路（赛道）上实现搬运货物到指定地点的行动。

任务三：小组农业机器人作品展示与交流。

（二）活动

1. 小小工程师

学习机器人机械部分的知识，进行机器人的组装和拼接。

2. 小小操作师

通过在移动端 App 设置与调节机器人参数，并遥控 RoboMaster EP 模型设备，在规定赛道上完成搬运任务一（将模拟农作物由起点移动到终点）（见图 38）。

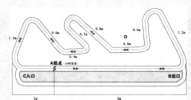

图 38　在规定赛道上执行任务一

3. 小小规划师

在移动端 App 设置与调节机器人参数，通过程序设计，让 RoboMaster EP 模型设备识别指定物体，并在规定赛道上完成任务二（见图 39）。

图 39　在规定赛道执行搬运任务二

三、优化改进

（一）测试反馈

小组对产品进行小规模测试，并且根据用户的反馈进行优化和改进。邀请其他小组人员来担任测试用户，用户需填写意见表。

（二）优化提升

根据意见表，小组从功能实现、路线优化、程序优化、结构优化等方面着手，对产品设计方案进行优化提升。根据优化方案进行产品优化，提升无人农业机器人的工作性能。

四、成果展评

（一）宣讲材料制作

小组制作"无人农业机器人"项目学习视频，展示无人农业机器人（基础功能、路线选择逻辑等）。同时，将整个项目学习过程中的学习材料贴在卡纸上，在每一阶段的学习过程中可写上小组成员学习的收获、感受、反思等。

（二）展示宣讲

小组用多种方式展示设计制作的农业机器人，让"甲方"更好地了解农业机器人的功能、特点以及设计团队特色，并思考如何才能吸引"甲方"的关注与支持。

（三）多维评价

教师采用过程性评价和总结性评价相结合、学生自评互评与师评相结合的方式，从多个维度对学生的学习进行评价。

三、浦沿中学：多维度融入项目，全过程提升教学

浦沿中学作为全国 STEAM 领航学校、浙江省 STEAM 与项目化实践基地学校、浙江省人工智能实验学校，一直致力于 STEAM 项目化探索与实践，践行"Teach Oneself Practice"的理念，以开展班组文化建设为抓手，"打造新时代 TOP 新学校"，营造自信、自理、自律、自强的校园氛围，为开展面向全体学生的项目化学习创设了良好的氛围，奠定了文化基础。

学校从"先学习知识，再做一个活动项目"的 1.0 阶段到如今的"智能时代融入更多科技元素的项目化学习"的 4.0 阶段，一直在谋求"从百花齐放到高标准高质量"的学校项目化学习推进；经历了从跨学科的 STEAM 项目化课程到学科的项目化课程的反哺，从点线状的课程实施到网状的教研组、备课组、跨学科团队的联动开展，从项目化设计入门实施到项目化课程的精细指导……实现了学校项目化学习的迭代发展。

（一）融入课程，完善顶层设计

经过几年的迭代，项目课程已初步形成普及型、兴趣型、精英型三种类型的项目课程体系，该课程体系也已纳入学校课程的顶层设计（见图 40）。通过三级设置，学校对学生进行个性化、差异性的螺旋式升级培养，以适应不同学生的需求，促进不同层次学生的综合发展。在课程内容的设计上，学校有意识地将艺术人文、政治历史、社会心理等知识融入其中，努力提供丰富的素材和多样化的课程资源，为不同潜质、不同水平、不同兴趣的学生的发展提供个性化学习的选择和帮助，创新课程内容与实施。

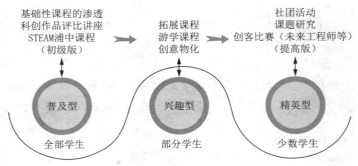

基础性课程的渗透　　　　　　　　　　　　　社团活动
科创作品评比讲座　　拓展课程　　　　　　　课题研究
STEAM浦中课程　　游学课程　创客比赛（未来工程师等）
（初级版）　　　　创意物化　　　　　　　（提高版）

普及型　　　　　兴趣型　　　　　精英型

全部学生　　　　　部分学生　　　　　少数学生

图40　浦沿中学的三级项目课程体系

（二）融入学科，落实核心素养

1. 建构项目流程

学校形成了具有学校特色的项目实施流程——八步项目导航（见图41），在实施过程中以真实的问题情境为导向，用设计思维来优化项目，关注迭代循环，注重思维的塑造，渐进式推动学科融合，将设计思维嵌入，利用与现实相结合的实践方式，培养学生综合素养和社会情感技能。

了解用户需求

提出问题　　调研准备　了解体验

产品发布　发布交流　　　　　　　　　构想方案　个人

核心知识成功技能

改进优化模型　改进优化　　　　　　　设计方案　多人

对标测试　测试模型　创建模型

图41　八步项目导航图

2. 完善多元评价

（1）评价主体多元化

在项目活动中，教师不再是评价的唯一主体，参与评价的还有学生、家长、专家和第三方。项目中，有学生对项目进行的自评和互评，有家长对学生探究进行的过程性评价，有教师对学生协作做出的形成性评价，有专家对学生作品进行的专业点评，还有第三方对学生的展示作品进行的点评。

表 11　浦沿中学项目化学习的评价分类表

评价方式	评价工具	评价内容	分析维度
定量评价	测试卷	知识掌握测试卷	知识与技能
	评价量表	最终成品	
		过程行为	
	调查问卷	学生学习效果	过程与方法 情感、态度与价值观
		团队合作	
		学生学习满意度	整体满意度
定性评价	访谈提纲	教学效果	综合
		教师评价	学生对教师的意见

（2）评价标准多元化

学校积极探索多样化的课程评价机制和评价技术策略，从学生学习过程的体验、情感、态度、价值观和综合能力等方面展开多元评价，建立体现多维度、多方式、多形式的评价体系，让评价支持和促进学习。

（3）评价方式多元化

在项目评价中注重形成性评价，对学生的学习过程予以评价；在项目总结阶段以表现性评价为主，通过展示项目成果的方式进行。如"以我观物，托物言志"项目设计了"帮助教师编辑托物言志主题的课外阅读微手册"的核心任务，从品味语言、感悟情理和创意表达三个方面帮助学生有梯度地掌握托物言志的手法（见表12）。

表 12　课外阅读微手册评价量表

评价内容	评价形式	
	自评★★★★	互评★★★★
相关知识介绍（完整度）		
经典文章收录（数质量）		
托物言志习作		
封面插图批注		

注意：
1. 写景状物是抒情言志的基础
2. 景物的全局和每个局部要仔细观察
3. 对景物要有感情
4. 要有感悟，要提炼出精辟的语句

3. 开展多元实践

项目化学习用驱动性问题撬动学生的探究欲、挑战欲、成就欲，用产品导向满足学生的好奇心、成就感、尊严感。通过边探、边学、边反思的项目实施，支持学生形成可迁移的自由心智。学校各学科项目化学习常态化开展，形式多样，可操作性强。

（1）学科项目化学习

活动项目引导学生在日常的真实问题中学会解决与探究问题。学科项目化学习分三步：入项活动、项目实践、反思复盘。学科项目化学习实施的关键是大单元设计、成果化导向、真实性实践、表现性评价。学校推动科学—创新作业设计。学校科学组基于学生身边的真实问题和课标的内容，以不同主题的项目化学习活动，引导鼓励学生积极参与调研创造活动。以"'虎'星高照'打'灯笼"为例，该项目从驱动问题"为迎接虎年，要如何设计一款具有虎味、具有创意且环保的灯笼来恭贺新春呢？"出发，学生按方案逐一完成任务，从设计到交流，从实践到汇报，亮点频出。

"虎"星高照"打"灯笼

【入项活动】寻找线上资源，了解灯笼的起源、发展、结构和类型，简单记录并与同学交流。观察生活中的灯笼，简短描述其结构与功能。进行调查研究，分析怎样设计一款能满足大众需求的灯笼。

【项目过程】思考设计一款虎年灯笼需要考虑哪些因素。小组分工合作，讨论并确定初步设想（介绍灯笼主题、材料、功能等）。绘制虎年灯笼的三视图，设计相关电路，并画出相应电路图。通过小组协作，调整优化设计，合作动手实践，直至创意作品完成，最后确定灯笼作品和展示方式，汇报时介绍功能实现的原理（见图42）。

【反思复盘】对整个项目过程进行反思，总结自己的收获和心得体会，并为下一次项目化学习积累经验。

图42　"'虎'星高照'打'灯笼"项目

（2）跨学科项目化学习

跨学科项目引导学生在解决复杂的真实问题的过程中进行跨学科思考和实践。学校综合组教师从真实情境问题的解决出发，善用综合学科特点，整合美术学科与信息科技学科知识，深化学习，让学生像专家一样去思考问题。如"守护敦煌壁画"项目围绕"如何做一个传统文化的'时代合伙人'，让更多人看到敦煌壁画的美?"这一驱动性问题展开。在项目的最后，浦沿中学学生还向莫高窟的"养颜"人——浙江大学计算机科学与技术学院人工智能研究所董亚波教授团队介绍并汇报了"守护敦煌壁画"项目的过程和成果。董亚波教授也写了回信，他在信中高度评价和赞扬浦沿中学学生，同时也对整个项目提出了宝贵的建议并表达了期待（见图43）。

图 43 "守护敦煌壁画"项目

（3）活动项目化学习

活动项目引导学生在解决日常真实问题的过程中学会学习与探究。"创意智造"项目围绕驱动性问题"如何更好地向大众呈现学校的创意智造作品，展示'创意''智造'过程，阐释新时代 TOP 新学校的创造性劳动教育"展开，通过真问题、真实践、真引导、真评价，让学生可以按设计师的真实工作流程工作。教师利用各种思维工具引导学生不断思考，将思维可视化，引导学生将创造、想象与现实结合起来

（见图 44 ）。

图 44 "创意智造"项目

（4）迭代跃迁——基于学历案的项目化学习

如何在教学过程中，通过巧妙的途径和方法，让知识技能在真实问题情境中实现高通路的迁移，真正做到让学生像专家一样思考？2021 年，学校在项目化学习中融入了面向学生的专业化的预设方案——学历案，来导航项目化学习过程。学历案包括学习主题、学习目标、评价任务、学法建议、学习过程、学后反思六个规范环节，学历案根据课程标准细化学习目标、设定评价任务（以评价任务来衡量学生是否真的理解），再根据评价任务、学生情况来确定学习方式和学习任务，通过逆向设计，即"教—学—评"一致性，确保教学紧扣课程标准，聚焦学科核心知识，促进深度学习（见表 13 ）。

学校开展的"基于学历案的项目化学习"，指的是学生在一段时间内研究一个真实的、有吸引力的、复杂的、有挑战性的问题或课题，通过真实的经历和体验，在教师及教师专业化预设方案的指导下，自

表 13　学历案的策略与项目化学习的准则

学历案八大策略	项目化学习八大准则
明确深度学习的目标	重点知识的学习和成功素养的培育
选择有挑战性的主题	解决一个有挑战性的问题
创设问题情境，激发学生兴趣或思考	持续性探究
设计指向学科核心素养的任务	评论与修正
确定大多数学生跟得上的学习进阶	学生对项目要有发言权及选择权
提供合作探究、展示交流机会	成果的公开展示
选择真实情境，开展表现性评价	项目要具备真实性
设计学后反思路径	学生和教师在项目中进行反思

主掌握社会建构方法，掌握重点知识和技能。学历案的项目化学习可以引领教学实践，确保项目化学习的实效性，弥补了项目化学习的不足。学生依据教师提供的学历案来进行项目化学习，进一步提升了学校 TOP 课堂改革的力度，促进师生、学校的整体提升。

（三）融入教学制度

为保障 STEAM 与项目化课程的顺利推进，学校进行了系统的管理规划，组织项目化教师培训，打造新型空间，加强协同合作，开发项目课程并付诸实施，形成了一定的运作机制。

1. 强化组织管理

学校成立了以校长为组长，分管副校长等为副组长，各教研组长为成员的项目化教育领导小组；组建了以决策中心主任为负责人的项目化核心团队，团队共 20 人。各职能部门根据学校的项目化特色建设的要求，分工合作，保障项目化学习稳步前行。

为推进 STEAM 与项目化教育的制度化、常态化、规范化，学校建立健全了《杭州浦沿中学 STEAM 与项目化学习实施方案》，将

STEAM 与项目化学习的开展成效作为教师评优选先、晋级评职、绩效考核的重要组成部分，鼓励全校教师积极参与。

2. 培养项目化师资团队

学校通过教师年度培训需求的问卷调查，架构了"TOP 四青"发展梯队团队，开展项目化学习主要依托青苗团队（由2—10年教龄的教师组成）、青芒团队（由11—20年教龄的成熟期教师组成）。通过专家指导强化教师的理论根基，与同伴协作共研项目，增进团队协同能力。项目间的比拼与竞赛激发学习动力，实现以赛促学的良性循环。同时，借助成果展示促进知识交流，进一步提升教师团队的学习成效与综合素质。这一系列举措旨在加速教师团队项目化学习的发展进程，确保每位教师都能在实践中成长，于合作中共赢。

3. 打造项目化学习空间

立足现实需要，着眼未来教育，学校创建了 2.0 版 STEAM 项目化学习空间，共 300 多平方米，服务学生学习实践，推动学生创新能力的提升。该空间分为创造区、探究区、展示区、交互区、合作区、发展区，学生可以在这里获取信息、阅读图书、体验创客活动、参加互动沙龙，是一个高度集成、高利用率、高开放度的创客空间和梦工厂，并且该空间还自带生涯理念，是一个新型学习空间，可以满足分级设置的项目化课程的开展和学生主动学习的需求。

4. 加强项目化协同合作

项目化的协同合作包括校内与校外的多方合作，政府从政策、资源、环境、师资、资金等各方面提供支持，充分利用滨江高新区的区域优势，向企业、高校等挖掘项目化资源，形成合作共同体，衔接正式教育和非正式教育，打造项目化实践社区，建设一体化的项目化生态体系。

第六章

融创教学"共卷"行动：
用教学改革激活学生发展

教育改革的关键在于课堂组织形态的转变，这是教育当中最难做的。我们肩负着改革的使命，如果最核心的教学形态没有改变，那就意味着教育教学没有实质性变革。

第一节 融创课堂的研究缘起

在当今社会，"互联网+"教育、未来学校、未来课堂、未来课程等研究蓬勃发展，教育资源变得触手可及，人人都有条件学习，"自主学习"已成为新的学习样态。作为高新企业云集的杭州市的"新初中"，集团理应主动回应社会变革，致力于培养未来的终身学习者。

随着基础教育新课改的持续推进，课堂教学的形态不断发生变革。在新一轮课程改革中，众多研究者提出了诸多新理念和新追求。例如，田慧生、刘月霞在《深度学习：走向核心素养》中指出，深度学习是我国全面深化课程改革、落实核心素养的关键路径。教师冗长的独白逐渐被课堂对话所取代，学生的学习兴趣和参与热情有了显著改观。

然而，在课程改革全面深化的过程中，新的问题也随之出现，比如课程学习的浅层化。层出不穷的新教学模式和教学策略，更多地追求知识的广度，却忽视了对知识深度的探究。许多所谓的"自主课堂""探索课堂"和"合作课堂"，只是机械地照搬道具、步骤和过程，仅让学生愉悦地记住知识，却未能展现学生的自主能力、探究精神与合作意识，这实则是一种注重外在形式的浅层学习。故而，促进学生深度学习成为时代的迫切需求，因为深度学习不仅仅是一种学习方式，更是为了培育学生的核心素养、推动学生全面发展的积极且富有意义的学习模式。

自主化深度学习并不简单，对学生而言是一个持续提升的过程。所谓自主化深度学习，是指学生在学习进程中，能够自主选择学习内容、方式和进度，能深入理解并掌握所学知识，还能将其运用到实际问题中，实现知识的迁移与创新。

在自主化深度学习中，学生是学习的核心主体，教师则充当引导者和支持者的角色。教师通过精心设计具有挑战性和启发性的学习任务，引导学生自主探索和学习，同时提供必要的指导与支持，助力学生解决学习中遇到的难题。

自主化深度学习着重培养学生的自主学习能力和深度学习能力。自主学习能力包含学生的自我管理、自我监控和自我评价等能力；深度学习能力包含学生的批判性思维、创造性思维和问题解决等能力。

但在初中教学实践中，模式化教学和重复性练习削弱了学生的学习本能，致使学生自主学习意识薄弱、自主学习能力欠缺，初中成为厌学的高发阶段。具体而言，在当下的初中学习中，学生与教师均存在诸多问题。

初中学生主要存在如下问题：一是学习状态游离消极，认为学习与生活脱节、任务枯燥无挑战，致使内部学习动力匮乏，自主学习意识弱。二是学习方式被动单一，依照教师预设的方式学习，学习路径固定，缺乏自主选择，进而导致交互不足、实践效果欠佳。三是学习获得感偏弱，对学生的评价标准单一，欠缺反馈机制，效率低下，学生的自我评估能力不强。

教师则存在以下四大问题：一是学习任务设计欠缺挑战性和驱动性，教师习惯讲解，轻视学生的思考和知识建构。二是学习场景脱离现实性和实践指导性，教师讲解过多、实践过少，教学内容与实践脱节，影响学习效率和深度。三是学习方式设计单一且具有限制性，未切实落实"学为中心"理念，缺乏先进教学理论的应用。四是学习评价未能彰显诊断性和发展性，教学评价不够多元，易忽略知识的联系和建构。

　　鉴于未来发展的需要以及现阶段新课标改革的要求，我们洞察到学生学习与教师教学存在的问题，为了实现深度学习和自主学习，提出了融创课堂的新模式。

第二节　融创课堂的概念界定

　　竺可桢学校教育集团基于"让学生成为学习者、合作者和探索者"的育人目标，坚持从创新人才培养的角度出发，大胆进行课堂变革。我一直坚信：课堂的一端连接着学生，乃是教育的主战场。在新的时代背景下，我们承担着新的使命，倘若最核心的教学形态未曾改变，那就代表着教育教学未发生实质性的变革。

　　正如建构主义学习理论所强调的，学习是学习者在一定的情境，即社会文化背景下，借助其他人（包括教师和学习伙伴）的帮助，利用必要的学习资料，通过意义建构的方式获得知识。在这一理论的启示下，我们更加明确了学校要为学生创造有利的学习情境。

　　培养自主学习者、培养学生的自主学习能力已成为每所现代化学校的必选之举。结合多地区、多所学校成功的办学经验，教学团队最终选定了融创课堂这一概念，大刀阔斧地推进课堂形态的转变，改革学习方式，并提出了"以课堂改革为支点，撬动学校全面发展"的改革思路。

　　具体来讲，融创课堂教学即融教于学、寓学于创。融创教学突出以学生为本、以学为中心，使学习能够真正发生，是一种以"学习输出"为标志的、学生自主学习的课堂形态。这一课堂最为显著的特征在于通过情境的创建和活动的设计，引导学生自主参与到学习当中。美国教育心理学家布鲁纳提出"发现学习"理论，主张学生在教师的引导下，通过自己的探索和发现来获取知识，这与融创课堂鼓励学生自主探究的理念不谋而合。我们期望通过融创课堂，激发学生的学习兴趣和主动性，让他们在积极的探索中实现知识的建构和能力的提升。

第三节 融创课堂模型的发展阶段与策略

一、融创课堂的雏形打磨

（一）模型建构，小组合作模式

办学初期，基于"自主""自助""自治"这三大理念，专家团队提出构建学习共同体的小组合作学习课堂教学改革——"三自"课堂，创设以学生自主学习为中心的课堂教学形态。

自主，指把时间还给学生，展示依靠学生，引导学生探究，实现与辅导结合的自主探究，形成以学生为中心的课堂。

自助，指根据学生的学习情况，实现小组自助学习，作业自助分层，知识自助梳理（知识树），实现任务引导下的自助达成。

自治，指管理自治、学习自治、评价自治，旨在调动学生积极性，挖掘自我潜能，形成自我管理、自我评价、自然生长，实现依托导学载体的自我学习。

"三自"课堂设计了学生学习路径与教师教学路径。其中，学生学习路径为"独学—助学—群学—研学"（见图45），教师教学路径为"学情调研—答疑分工—点拨拓展—总结验收"（见图46）。

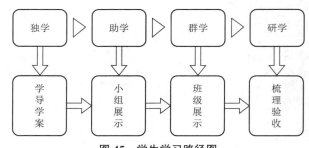

图45　学生学习路径图

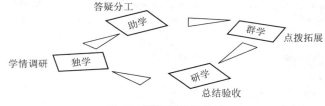

图46　教师教学路径图

（二）融创课堂之"二四五"模型

"二四五"课堂教学模式中的"二"是指教师的隐性主导和学生的显性主体两条既平行又交叉的双立体主线，是一种"师生双主体和谐发展"的完美结合的指导思想。

"五"是指学生课堂学习的五个环节。

课前之学：主动感知（独学—独立完成全课导学案）。

课始之学：主动发现（群学—小组领学—基础知识—第一次交流）。

课中之学：主动参与（合学—领学—同题重组板块切割—重难点）。

巩固之学：主动建构（研学—领学—大领展—提炼补充—第二次交流）。

拓展之学：挖掘延伸（合学—原组回归三次交流—主动练习目标落地）。

"四"是指教师教学的四个阶段。

备课—课前设计预案（导学案）。

上课—课中点拨（知识点、重难点，学情第一次交流）。

评课—环节点评（知识落地，学情第二次交流）。

思课—课中课后（疑难亮点生成等学情追问、反思）。

经过一个阶段的实践反思，集团制定了《融创课堂教学常规》和《融创课堂教学评估量规》。教师也在这个过程中记录下很多真诚的思考。集团的滨文中学开设了融创丝语板块，摘录了教师的部分反思。

融创丝语板块中教师反思集锦选摘：

学校大力推行的融创课堂，给学生提供了锻炼和展示的平台，相信在学校这片自由、民主、开放和包容的沃土上，每一个蓝鹰学子都可以绽放无限精彩。

——英语组曹老师

每组六人，限时完成任务：C层学生通读，B层学生谈感悟，A层学生即兴演讲。还可以开展英语基本功展示活动，将读、说、背、写有机结合，以小组成绩决定胜负。这些任务和活动既丰富了学生的课外生活，又锻炼了学生的能力，帮助他们积累了上台展示的经验。

——英语组祝老师

（三）流程再造，活力课堂模式

随着知识容量和题目难度的提升，各类教学风格迥异的教师融入教学课堂，特别是空中课堂的推进，机械而线性的课堂教学流程已无法满足日新月异的教学新局面。高校学者积极深入教学一线，听课、例会、讲座，甚至有学者来学校兼职上课，以充分了解学情，为一线教育工作者指明改进方向。

为了融课程标准、学生素养及学科知识目标于一体，提质增效，集团组织全体教师学习了《学历案与深度学习》一书，并聆听了高校专家的讲座，将课改最初的导学案（学习目标、基础部分、重点部分、拓展部分）升级为学历案（核心素养下的学习目标、检测评估、课前学习、课中学习、课后学习、学后反思）。采用学历案替代教案，旨在推动学生为主体、教师为主导的课堂模式建设，推进契合学科核心素养的目标引领，推动任务情境驱动下的学习，可以通过检测评估手段当堂反馈学生学习成效。学历案将教师的教案与学生的学案融合，在呈现学科逻辑的同时也强化了课堂检测功能，有助于提升学习效果。

为此，基于学历案的融创课堂教学流程也不再是线性的"独学—助学—群学—研学"，与满堂灌的讲授式课堂相比，融创课堂强调"目标导向""小组合作""学生展示""课堂测评"。换言之，就是教师以"学为中心"，结合教学内容与学情的需要，优化教学环节，择时而动。可以是一个逻辑任务多次助学，也可以是多个并列任务一次助学；可以是讲授式、讨论式融合，也可以是小老师讲解、学生板演展示的融合；还可以是面向全体有效测评的当堂反馈。这一改变较此前增添了课堂活力。

在现代化教学进程中，新的教学目标要求课堂教学和教学设计的改变，要求教师在教学设计上从关注单一的知识点、课时，转变到关注大单元的教学设计，改变学科知识的碎片化教学，这样才能真正实现教学与素养目标的有效衔接。在大单元教学中，有专题的复习课、汇报展示课、活动探究课等课型，学生在情境任务中自主运用知识完成某项任务，独学—群学（实践）—展示—探讨—拓展，"五环"联动，实现学生学科核心素养的养成。各单元教学课型中的"五环"内容如表 14 所示。

表 14 不同课型的单元设计课"五环"内容示例

课型	"五环"内容				
	独学	群学（实践）	展示	研讨	拓展
专题复习课	以思维导图的形式自主整理归纳知识点	组内讨论，修正补充思维导图	展示独学中整理的思维导图，梳理知识框架	对专题的重难点内容或者易错点进行突破	专题复习内容的相关检测、课后思考
汇报展示课	完成展示的预习任务（如名著汇报课中的阅读名著）	讨论补充各自的独学成果，确定展示任务和展示人员，准备好展示所需要的板书、课件、道具等	展示前期形成的任务成果	补充汇报内容，分享心得	拓展任务的展示研讨
活动探究课	完成探究任务，了解相关的基本知识，为探究打下基础	开展实践任务的分工、具体落实	活动探究成果展示、评价反馈	班级组间探讨交流、根据评价反馈意见修改成果等	活动成果的汇编、展出等

在这些基于单元的课型中，"五环"也不一定是固定的，教师可以根据课程内容和学生学情的需要进行增加或者调整。比如，可以在

"独学"一环中加入"后测"环节，巩固学生的基础知识；也可以在"独学"的过程中，引导学生及时进行交流；还可以将"独学""群学"合二为一，强调自主学习的过程性。

"五环"联动，环环自主，融创课堂基于学生情境与任务，在探究、合作、深度学习的过程中培养学生的自主学习和建构能力，在对话、交流、思维碰撞的过程中培养学生的创新能力和批判性思维。

（四）技术赋能，智慧课堂模式

信息时代下，各类"空中课堂""云课堂"在线教学模式纷呈，随着区教育局与某科技公司合作的平板技术优化，技术赋能智慧课堂的教学模式也应运而生。这是学校借助信息技术赋能教师与学生、以数据驱动实践的因材施教的教育范式，是通过改变传统课堂的组织形态，探究学教方式的变革，是追求学科知识深度理解、指向学生自我发展和完善的一种新型学教方式。

二、融创课堂的模型优化：自主学习支持体系的设计

（一）自主学习支持体系的设计

基于以上对自主学习的理解，我们认为，初中是学生从被动学习者成长为高水平自主学习者的关键期，应该在学校的教学制度安排和教学组织实施中有目的、有计划、有体系地设计自主学习支持体系。为此，集团沿着培养和发展学生的元认知能力、高阶认知策略两条路径，设计小步子、多支架的自主学习支持体系（见图47），帮助学生获得对自己学习的掌控权、发现学习的意义感。

1. 自主学习的两条路径

集团以学生动机自主性和认知自主水平为突破口，设计自主学习支持体系。

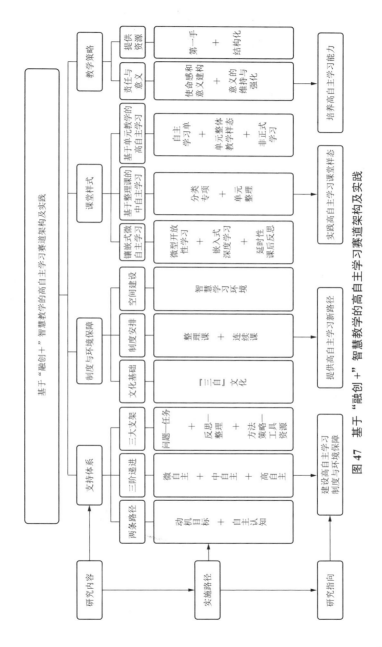

图 47 基于"融创＋"智慧教学的高自主学习赛道架构及实践

（1）发展学生的动机与目标自主

建立自主学习的动力机制，通过设计对学生有意义、能激发学生学习兴趣与持续动机的真实性学习任务和学习活动，引导学生构建具有个人意义的学习动机与目标，激发和维持学生学习的内在动机，提升学生的动机自主性。

（2）提升学生的自主认知能力

建立自主学习的自我管理机制，创设支持性学习环境，设计深度学习环节并提供相应的学习策略和练习，帮助学生学会监控、优化自己的学习过程，发现并形成适合自己的学习方法、策略，发展终身学习的自主学习品质和学习能力。

2. 小步子：自主学习的三阶递进

根据自主学习的特点和自主学习能力发展模型，集团采取逐步扩大学生学习责任的策略，构建自主学习支持性环境，坚持小步子推进，让每个学生都经历"微自主学习—中自主学习—高自主学习"的进阶，培养熟练的高自主学习者。

（1）微自主学习

学习周期比较短，任务相对简单，有一定的开放性，主要发生

图 48　自主学习的三阶递进

在课堂中或课堂学习前后，适合正在学习自主学习的学生。教师可以在概念学习中鼓励学生联系生活原型，不断完善、丰富对概念的理解；设计答案不唯一或没有现成答案的学习任务；提供基本的学习框架，鼓励学生自主发展个性化的学习内容、目标与方法；为学生交流和展示自己个性化的学习结果、方法搭建平台；建立宽松、安全、容错的课堂文化；鼓励围绕具体的学习内容展开真正的讨论。

（2）中自主学习

有一定的学习周期，涉及个人经验的重组。与微自主学习一样，都是在课程中发生的，与课堂学习联系密切，与课堂学习目标一致。通过整理课、思维导图等方式，鼓励学生发展个人知识网络；引导学生按自己的思考和理解进行学科知识重构。

（3）高自主学习

学习周期较长，是开放性和延伸性比较大的学习活动，如项目化学习、主题学习等。高自主学习的学习目标往往由学习者自我建构，因此更受个人兴趣或需求驱动，这些学习目标可能超越教材的安排，因此对学习资源有更高的要求。高自主学习可能在课程中发生，也可能与课堂学习联系不密切，甚至与学校的学习目标不一致。高自主学习阶段的学习者能有效地从个人学习经验的整体性出发，整合课堂学习、非正式学习，组合成更连贯的、一体化的学习机会，建构个人学习的意义。

3. 推进自主学习的三大支架

集团围绕发展自主学习动机和提升自主学习能力这两大路径，构建了支持自主学习的三大支架。

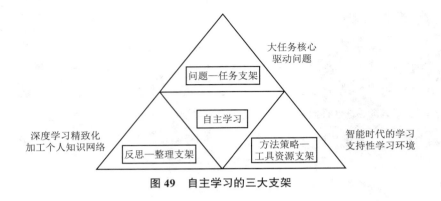

图 49　自主学习的三大支架

（1）问题—任务支架

旨在建立推动学生自主学习的动力机制，鼓励学生构建具有个人意义的长期性学习目标和可持续的内在动机，以提升自己的动机自主性。从激发学习内在动机出发，问题—任务支架具有开放性、选择性、自我建构性等特点，为学生在自己的生活经验和学习之间建立联系，为形成具有个人意义的学习目标、连接学科学习内容提供支点。

（2）反思—整理支架

旨在建立自主学习的自我管理机制。对所学的知识进行系统性反思，分类、梳理、建立联系，从知识体系、错题、学习方法等多个方面对自己的学习进行精致化加工。这一过程有助于学生形成具有个人意义的知识地图，引导学生通过回顾和管理自己的学习过程，提升元认知水平。

（3）方法策略—工具资源支架

旨在为自主学习者提供支持性策略资源，创设智能时代的学习支持性环境。集团相信，成熟的自主学习者是善于找到和运用工具与资源的,是善于综合运用各种学习方法和学习策略的。该学习工具可以帮助学生导航学习内容、评价学习成果。集团为学生配备了平板电脑、网易有道错题扫描机等助力学习的软硬件工具,促进学生学习效果的提高。

（二）自主学习支持体系的实践

集团从教学组织管理、自主学习文化和环境建设等方面为推动学生成为自主学习者创造条件,并鼓励各学科组在教学实践中创新自主学习的实施模式。

1. 制度与环境保障

作为一个新建教育集团,集团致力于建设有利于自主学习的教学组织制度、文化,并将数字化校园建设作为自主学习赋能的重要载体。

（1）"三自"文化:提供自主学习的文化基础

集团以"自强创新""自主管理""自省自愈"为关键词建设"三自"文化,鼓励师生自我驱动、自我赋能,为推进自主学习营造了激励、安全、宽松的教学环境。

表 15 "三自"文化

自强创新	鼓励特色发展和个性发展,不封顶、不攀比。组织师生设定个人目标,进行自我挑战,在创新中实现自我
自主管理	倡导学生自主管理,学校的管理事务尽可能让学生参与,学生自己的事务由学生自主管理
自省自愈	允许学生失败,允许学生犯错,鼓励学生在"试错"和反思中自我调整、完善,持续进步

正是在鼓励个性、特色,鼓励自强创新、自主管理、自省自愈的文化激励下,集团里形成了教师敢于放手的教学课堂,教师为学生提供学习支架,为学生自主学习赋能;还形成了学生勇于对自己学习负

责的学习文化，校园自主学习氛围浓厚，学生善于对学习和学校生活进行反思，自主建构意识强。自主进行长期性积累学习、自主进行阶段性复习整理已成为集团学生的学习方式和习惯（见图50—图52）。

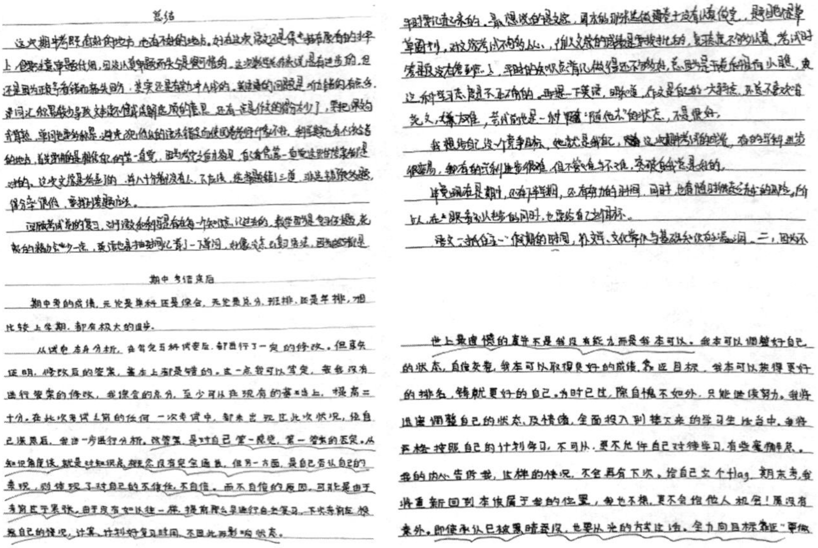

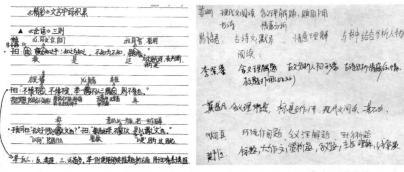

图 50　学生期中考后反思

图 51　学生自主积累性作业　　图 52　学生小组自主性整理：阅读常见题型

（2）整理课＋连续课：促进学生自主学习的教学制度安排

集团在教学组织管理上为自主学习提供制度保障，这一安排体现在两个方面：其一，为让学生对当日学习进行整理而设计的整理课；其二，为学生开展深度探究性学习而设计的两节课连上。

每天上午、下午课程结束后，学校统一安排整理课，这是每个学生根据自己不同学科的学习状况，完全自主决定的"专属学习时间"。每天 20 分钟，以进课表的方式，在教师的指导和整理工具的支持下，为学生提供练习自主学习的机会。按每年 36 个教学周计算，学生可以得到 60 个小时的自主学习时间。

对信息技术、美术等实践性强的学科，集团探索地进行单双周和两节课连排的教学组织方式，为学生持续、专注且深入的学习提供制度保障。与此同时，设立弹性连续课制度，支持各学科在开展大单元、主题化、项目化教学中，根据教学需要，通过调课的方式开设连续课，从而更好地激发学生深度的自主学习。连续课制度的设立，有利于帮助学生进入"学习心流"，并强化其学习的内在动机。

（3）智慧学习环境：促进自主学习的平台和空间建设

以智慧校园建设为契机，集团努力搭建能辅助学生进行自我学习诊断、规划和管理的平台，提供免费的线上自主学习资源，为促进学生多样化、个性化的自主学习赋能。

学情数据库是很多学校精准教学的"标配"，但集团的学情数据库不仅为教师精准教学提供数据支持，还更进一步鼓励和指导学生综合分析、科学运用自己的学情报告，让学情数据库成为学生对自己的学习状况进行自我诊断、制定个性化的学习目标和执行计划的"智慧助手"。学生可以对比个人掌握率和班级掌握率，快速找到自己的知识短板。针对正确率低于 50% 的知识点，学生需要分析正确率低背后的原因，找到知识的漏洞并加以弥补（见图53、图54）。

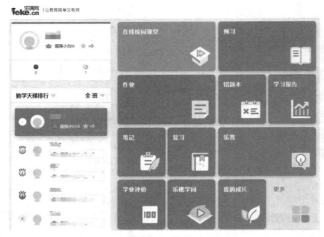

图53　乐课平台学生界面

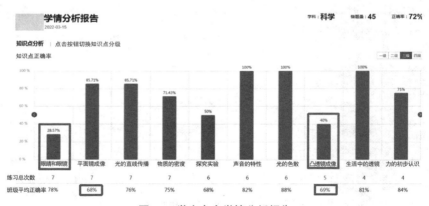

图54　学生个人学情分析报告

　　课件库包括微课和拓展性学习资源。我们认为课件不应只服务教师，用于备课，更应服务学生，用于自主学习。除了课前同步预习，课件库还为学生课后和阶段性自主复习提供可反复回放的学习指导；为学生开展大单元主题学习提供拓展性阅读、实验与探究资源。我们的乐课微课库已汇集各学科资源 21526 份、微课资源 956 个，学生可以根据自己在不同学习阶段的需求自主选择、组合使用（见图 55）。

图 55　乐课校本资源库资源概括

微课库还可以整理常考的、典型的错题，并把错题按知识点进行分类。同时根据学生做错的题目，智能筛选相应的变式题，培养学生的迁移运用能力。按照过程性评价量表，学生可根据自己的时间安排、学习需要进行错题重做。

一页错题可以将时间段设为整个学期，由系统随机生成 5 道本学期学生做错的题目，检查学习情况。个性化习题册可以进行"错题点单"（见图 56），学生可以根据自己的学习情况，选择错题重做或只做变式题，选择适合自己的题目，选择变式题的数量，从而满足个性化学习的需要。

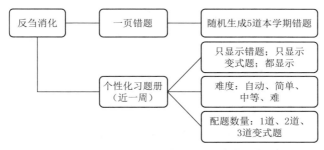

图 56　反刍消化：错题重做"点菜单"

通过反刍消化引导学生学会自主学习，让错误思维模式显性化，帮助学生真正找到问题的症结所在，减少学生对教师的依赖，学生的思维层次从接受、记忆、模仿和练习走向更高阶的分析、综合、评价和创造。

除了微课，集团还注重鼓励学生创造性地使用认知和思维工具、学习管理工具，包括思维导图、番茄钟、康奈尔笔记以及其他有效的学科 App，经常以班级为单位进行优秀学习笔记交流。

2. 典型课堂样式

在具体教学实践中，通过设计学生自主动机和自主认知水平不同层级的学习任务和适宜的学习环境，集团探索了基于课堂任务的镶嵌式微自主学习、基于整理课的短时中自主学习，以及基于单元整体教学的长程高自主学习等三类典型的课堂样式。

（1）基于课堂任务的镶嵌式微自主学习

为了丰富学生课前、课中和课后三个阶段的自主学习，集团致力于两类微型自主学习活动的开发和实施，挖掘与学生个人生活经验相结合的自发性学习经验，其目的在于帮助学生发现学习的意义、价值和成就感，激发自主学习动机；鼓励学生学习与高效学习相关的学习方法和策略，其目的在于帮助学生提升认知策略水平。

① 微型开放性学习活动

关键词：自主学习动机

通过问题—任务支架的设计，在每节课中增加 5—10 分钟的开放性学习活动。

• 随堂创意表达活动

鼓励学生发挥自己的创造性，用个性化、多样化的方式不拘一格地表达自己对课堂学习内容的独特理解，适用于语文、英语等意义建构类的学习。

案例1　学习小古文《答谢中书书》，课内微型创意表达活动

画一画你从《答谢中书书》中看到的美景。

图57　学生作品

案例2　学习"诗歌语言陌生化"，随堂开放性写作任务

用今天学习的语言陌生化技巧续写《稻草人》，给3分钟时间进行独立创作和2分钟时间进行组内交流，每组再综合意见修改出一篇成稿，然后展示。

稻草人	稻草人	稻草人
春秋的更替之中	春秋的更替之中	春秋的更替之中
你_____,	你激荡风雨，震慑四方，	你是麦田的守望者，
用垂挂的蒲扇	用垂挂的蒲扇	用垂挂的蒲扇
____时光，	敲打时光，	撩拨时光，
_____的____	枯黄的凝望	凝固了目光的爱恋
就在_____的补丁里	就在疲惫的补丁里	就在纵情飞舞的补丁里
煽动麦穗_____的心	煽动麦穗温柔的心	煽动麦穗寂寞的心
	（生 1 作品）	（生 2 作品）

图 58　学生创造性补写诗歌《稻草人》

• 生活联系学习活动

鼓励学生将学科知识与现实生活相连接，引导学生发现学科概念、多样化的生活原型以及学科知识应用的多样化场景，适用于科学、数学等学科的概念学习。

案例 1　点与圆有哪些位置关系?

如果我们把太阳看作一个圆，把地平线看作一条直线，在太阳升起的过程中，太阳和地平线会有几种位置关系? 生活中你还能想到哪些体现点和线、点和面、线和面空间位置关系的例子?

案例 2　无性生殖和有性生殖

我们日常生活中接触的植物，哪些是无性生殖? 哪些是有性生殖? 判断的依据是什么? 至少举出两个证据来。

不难看出，微型开放性学习活动设计的关键，在于学习任务能为学生的自主思考、自主建构营造知识的空间，而实施的关键在于教师要营造宽松、容错、求新、求异的课堂文化，同时在课堂上要给予相对充足的交流、讨论时间。

② 嵌入式深度学习

关键词：自主认知策略

嵌入式深度学习通过反思—整理支架，为学生提供学习策略支持，帮助学生在每天的学科学习中养成反思和整理的学习习惯，侧重发展学生的自主学习能力，形成个性化的自主学习方法策略集。

学生对当节课的学习内容在课内进行归纳整理，课内整理的主要目的是让学生对本节课的学习内容进行个性化的重新组织、深度加工，除此之外，更重要的是让学生在课堂中进行独立整理并掌握运用知识进行深加工的学习策略。

为了更好地推进课内深度学习，集团在学历案中嵌入课中归纳和课堂小结两个学习模块，引导学生进行持续性、常态化的深度学习。

案例 1　课中归纳

【课中学习】

1. 完成课本第 15 页的合作学习，回答下列问题：

（1）在合作学习 1 中，在考虑甲、乙两车行程的方向时，两车的行程是如何表示的？表示行程的两个数相同吗？如果把这两个数表示在数轴上，它们到原点的距离相同吗？

（2）如果用数表示距离，这个数是什么？这个数是正数还是负数？

2. 思考

在生活和生产中所有场景是不是都需要考虑量的方向呢？你能举例说明吗？

3. 归纳

绝对值的概念：＿＿＿＿＿＿＿＿＿＿＿＿＿＿＿＿＿＿＿＿。

记号和表示：＿＿＿＿＿＿＿＿＿＿＿＿＿＿＿＿＿＿＿＿＿。

案例2　课堂小结

【课堂小结】

通过自主阅读和课堂学习，你能区分消息的五部分吗？你能梳理新闻的六要素吗？你知道怎么运用倒金字塔结构吗？

在案例1中，教师有意识地让学生练习运用概括、数据可视化的方式进行知识整理。在案例2中，课堂小结不是由教师主导，学生仅负责将结论摘抄到笔记上，而是让学生自己进行小结。将课中归纳和课堂小结两大学习模块嵌入日常教学中，可以为正在学习自主学习的学生提供常态化、持续化的练习机会。

为此，集团为学生提供了不同层次的随堂整理策略。

表16　随堂整理方法集

新知梳理方法	知识间关系梳理方法
复述 注释 概括、提纲、梗概 可视化表达	列表 分类 比较、对比

图 59　学习方法与策略的课堂示范

图 60　学生新知概括的运用

③　延时性课后反思

关键词：自主认知策略

与课堂小结更多关注本节课所学的知识不同，延时性课后反思则引导学生在一节课或一段学程（如单元、主题）结束后，通过对学习内容、学习方法、达成情况与存在的问题等进行充分且系统性的反思，帮助学生更好地体察和监控自己的学习进程，构建学习内容之间的联系，发展学生的综合自主学习能力。集团据此开发了课后整理"五学"的操作流程（见图 61）。

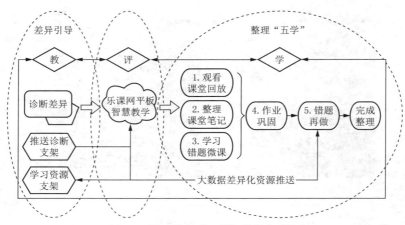

图 61　课后整理"五学"的操作流程

学生根据自己学习情况，对所学内容有选择地进行回看，以澄清学习中的困惑；整理平板电脑中截屏的课堂笔记；观看错题微课，巩固错题，进一步掌握答题方法与技巧；完成教师推送的诊断习题或生成自己的一页错题，再次巩固知识点和能力点；根据整理过程，完成学后反思表（见表 17）。

表 17　学生"四维"学后反思表

维度 1：学习内容、知识点，疏理两者关系进行可视化表达	维度 2：学习方法与学习经验
维度 3：学习达成情况	维度 4：存在的问题

案例 1

【学后反思】

回顾本节课所学知识，你是通过什么方法和策略学会主题内容的？你知道如何表示线段的长短关系吗？线段如何比较长短？两点间的距离指的是什么？如何度量两点间的距离？……这些知识你知道吗？你还了解到哪些关于线段的知识？

案例2

【学后反思】

1. 本节课学习的知识要点、学习方法和策略梳理。

2. 我的达标情况。

3. 自己的困惑或自己如何学会的经验。

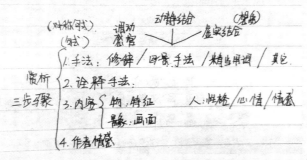

图62　学生学后反思

除了提供"四维"学后反思表，集团还提供了有助于知识可视化表达的工具箱，包括多学科可视化表达工具和单学科可视化表达工具。

表18　学生学后反思工具箱

多学科可视化表达工具	单学科可视化表达工具
思维导图（主题—关键词） 概念地图 韦恩图（比较） 六顶思考帽	符号图（物理、化学） 模型（生物、地理、物理、化学）

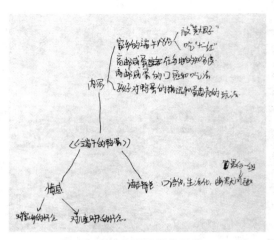

图63　学生运用思维导图学习

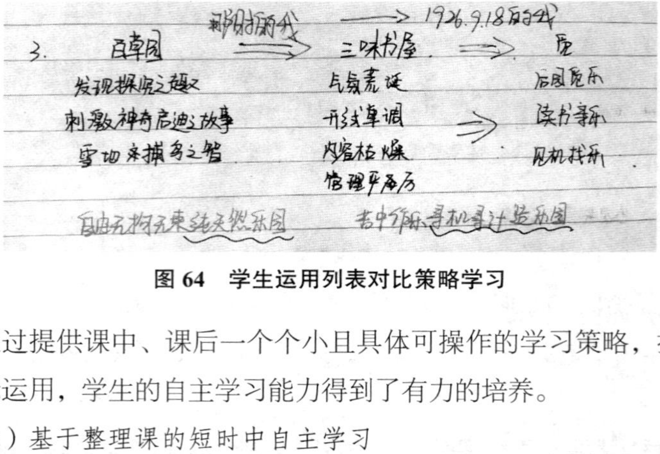

图64　学生运用列表对比策略学习

通过提供课中、课后一个个小且具体可操作的学习策略，指导学生实际运用，学生的自主学习能力得到了有力的培养。

（2）基于整理课的短时中自主学习

除课中和课后的小结和整理外，集团还探索了基于整理课的自主学习，引导学生在一定的范围内对所学的知识进行专题性、系统性的集中整理。与教师主导的复习课不同，整理课是在整理支架的帮助下，侧重发展学生的自主学习能力，帮助学生提高学习效率、增强学习信心，促进自主学习习惯的形成。

围绕分类—专项整理和单元整理两种整理课，按整理支架的不同，形成了四种自主学习形态（见表 19 ）。

表 19　基于整理课的四种自主学习形态

分类—专项整理课	单元整理课
半结构化整理支架—分类整理	半结构化整理支架—单元整理
个性化分类整理	个性化单元整理

① 分类—专项整理课

关键词：学科知识图谱、认知策略

根据学科特点，对学科知识进行大范畴分类下的跨单元专题性整理。如语文和英语学科按字词和修辞语法整理，历史学科按经济、科技、文化进行分领域整理。

分类整理可以帮助学生建立各类知识的要素、特点以及其间关联的总体框架，有利于学生形成学科系统思维。

分类—专项整理课的基本流程如下：

提出整理任务，自主整理。对初中阶段的学生，需要对分类—专项整理的内容、整理方法、时间等提出明确的要求。教师可提供半结构化的整理单，或者做得好的整理范本。学生可自主利用课余时间或周末进行整理，构建个人的分类—专项知识图谱。

展示、优化。以小组或个人的形式，向全班汇报整理成果，重点展示整理的依据、心得和遇到的问题，最后全班交流、讨论，形成升级优化版的班级知识图谱、学习方法策略清单。

自我完善。对照升级优化版的知识图谱，对自己的初始整理进行完善，并总结自己的学习方法（见图 65 ）。

案例　单词整理课

一、学生用整理单

用自己的办法，整理与本单元有关的单词，要求如下。

1. 先不要看课本，回忆本单元出现的单词。

2. 用自己的办法把这些单词进行分组或归类整理。根据单词之间的关系，你可以列表、画图或采用其他你觉得有效的办法把单词整理在纸上。

3. 碰到写不出的单词，可以先标注中文或者只写你记得的那一部分。

二、组内交流（PPT 呈现）

如何更快更好地记住本单元单词？要求如下。

1. 交流，讨论本组易忘易错的高频词清单。（轮流发言，有专人记录）

2. 一起想办法怎么记住这些词，列出本组的办法清单。（轮流发言，有专人记录）

3. 以某个组员整理的单词清单为基础，组内对照课本，检查、讨论是否要补充、调整该清单，形成本组的单词整理纸。

三、全班交流（PPT 呈现）

如何更快更好地记住本单元单词？要求如下。

1. 交流，讨论全班易忘易错的高频词清单。

2. 全班找出五个记单词的好方法。

3. 以某一组为基础，讨论该组的单词整理纸是否可以再补充、调整、优化。

四、个人反思

1. 根据全班的讨论结果，完善自己的单词整理纸。

2. 试着用你在整理课上学到的办法记单词。

3. 这些词又让你联想到哪些学过的词？用自己的办法把它们整理到你的单词整理纸上。

图 65　学生对形容词比较级的整理

② 单元整理课

关键词：学科知识图谱、认知策略

以课程主题单元为单位，进行概念和知识关系、知识运用、题型及错题的系统整理。通过提供具有学科特点的半结构性整理支架和多样化选择性的通用整理支架，如思维导图，引导学生进行系统性整理。

表 20　学生单元整理原则与目标

原　则	目　标
全面 （引导学生根据教材、作业等学习资料，系统且全面地回顾某一单元或某一学科的学习内容）	• 形成一张全班优化的共享知识点、题型及其关联的知识图谱 • 形成一张全班优化的核心问题解题策略图谱

（续表）

原　　则	目　　标
全体 （人人都要进行系统的复习，鼓励基础差的同学做基础知识、基础题型的总结）	• 形成全班优化的核心问题规范答题规则及范例（开放题） • 形成一张个人的错题及个性化的学习小贴士

案例　语文半结构化整理支架

核心知识：文体知识、解读（鉴赏）策略、语法知识、写作技巧。

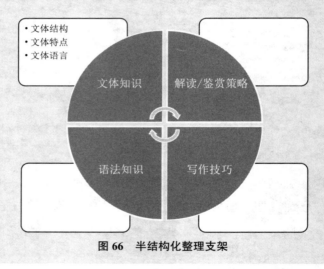

图66　半结构化整理支架

　　半结构化的整理支架可以为刚接触自主整理的学生提供基础性的范例，引导学生在范例的基础上进行延拓、补充和优化。

　　（3）基于单元整体教学的长程高自主学习

　　基于单元整体教学的长程高自主学习通过"开放性长程任务＋随堂微型任务＋驱动问题"组成的任务学习单、多样化的学习资源供给，引导学生在单元学习中沿着自己感兴趣的方向或根据具有个人意义的内容，进行深入、持续的项目化学习或主题学习，侧重发展学生的自主学习兴趣、学习动机，培养学生的学习成就感。

① 自主学习单：开放性长程任务 + 随堂微型任务 + 驱动问题

开放性长程任务通过聚焦单元主题和核心大概念，与现实世界连接，鼓励学生综合运用本单元知识的真实性任务，为学生在单元内的学习建构个人意义，强化学生的学习动机，预留了空间。而随堂微型任务及驱动问题，则沿着单元学科"基本问题—引导性问题—内容问题"的思路，设计递进式的任务串和问题串，引导学生在真实的长程任务、微型任务和学科思维、内容知识与技能之间不断地建立联系，形成基于真实任务的学习场，从而实现大单元整体教学中自主学习的连贯性、严谨性。

集团将长程任务与学校的教学与比赛培训活动报道相结合，要求学生制作一份报纸。这份报纸须融合多种新闻体裁，严格遵循新闻与报纸的编写规范，并确保所有新闻要素完整无缺。但对报道各种新闻体裁的安排、具体素材、报道倾向等不做硬性要求，为学生建构具有个人意义的新闻采写预留了空间，极大地激发了学生自主学习的兴趣（见图67）。

图67　学生新闻单元的最后作品

案例 自主学习任务设计——以语文新闻单元为例

[开放性长程学习任务]

现场观摩"融创杯"教学赛培活动，采访参赛教师，运用本单元所学的新闻采写知识，小组合作制作一份要素完备、规范、体裁丰富的新闻报刊。

任务单一：集思广益——讨论新闻选题

要求：回顾你经历过的"融创杯"教学赛培活动，你觉得哪些内容值得报道？请分点写下来，至少写出三点。可以联系你一个多学期的融创课体验及身边的人对融创课的看法来获取灵感。

要求：

1. 小组成员间相互交流，共同确定合适的采访选题，并分条写下来。

2. 请在确定的每一个选题后用不同颜色的笔做标记，写出其新闻价值的要素。

任务单二：慎重选择——确定采访思路

要求：从任务单一的新闻选题中，选择一个你最感兴趣的选题作为你的报道主题。把它写下来。

预测读者希望从将要报道的这则新闻中获知什么，用问句分点写下来。

询问小组成员以下问题，并把他们的回答写下来。

1. 对于我拟定的问题，你能在最感兴趣的问题后面打钩吗？

2. 对于我的选题，作为读者，你还希望了解什么？

要求：将自己认为有价值的问题整理到采访提纲中。

注意：需要将任务单二中的问题由浅入深排序。（这些问题的解答有些是需要通过人物采访实现的，有些则需要通过追踪事件、查阅资料等途径实现，请注意区别）

[微型任务串和驱动问题串]

围绕长程任务，我们为新闻单元设计了9个随堂微型任务和3个课后非正式学习任务（分别为报纸阅读任务、采访任务、制作任务），教师可视学生自主完成微型学习任务的进程，调控课时安排，形成有弹性的教学结构和组织形态。

表21　围绕开放性长程任务设计的微型任务串和驱动问题串

微型任务串	驱动问题串
1. 设计有关新闻这一体裁知识的讲解板书 2. 选择单元中的一篇新闻，从新闻六要素、消息结构的五部分和消息的特点进行分析，画出思维导图 3. 阅读《消息二则》，感受它的实际效果和背后的主观倾向 4. 现场观摩"融创杯"教学赛培活动，为这次活动写一则导语（30—50字） 5. 阅读自己最喜欢的本地报纸，找出其中不同的新闻报道，设计"融创杯"专题新闻报纸的主要内容	1. 新闻六要素、消息结构的五部分、消息的特点，分别是什么？ 2. 新闻的内在结构有哪几种？特点是什么？ 3. 新闻有表达意图吗？如何区分新闻中的事实与观点的表达意图？ 4. 导语的特点与规范是什么？ 5. 新闻报道有哪几种不同的体裁？这些体裁各有什么特点？

②串联自主学习的单元整体教学样态

改变学科原来的新授课、练习课、复习课、阅读课、写作课、口语交际课等功能独立、流程固化的教学形态，探索单元整体设计下，任务驱动、课内与课外连接、正式学习与非正式学习连接的全链条式教学新样态，为学生创设更大的自主学习空间。

与此同时，在教学中重视问题支架和反思支架的设计，促进任务驱动下的自主学习走向深入。

案例　单元整体教学样态——以诗歌单元为例

围绕诗歌鉴赏、创作与表达这一学习主线，在任务串驱动下鼓励学生自主建构课堂内的各种正式和非正式探究学习，并通过微诗初感知、诗歌咖啡馆、诗歌嘉年华三组相互联系的自主学习活动，以诗歌库为基础，通过读—写—赏三线并进，课外自主阅读和课内充分研讨，探索基于单元整体教学自主学习，形成了新的教学结构（见图68、表22）。

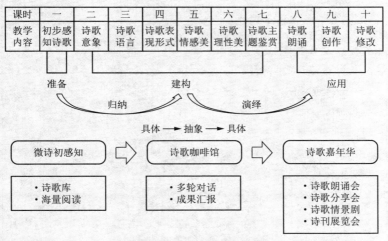

图 68　诗歌单元学习链

表 22　诗歌咖啡馆的角色分工与讨论规则

角色	角色要求	角　色　任　务
诗歌咖啡馆馆长	小组讨论的组织者和监督者	1. 负责小组讨论的顺序，维持讨论秩序 2. 指导小组成员就角色发言 3. 对小组成员的发言与成果及时进行记录 4. 监控、把握讨论进度

角 色	角色要求	角 色 任 务
语言鉴赏师	品味诗歌中的字、词、句等语言内容	1. 找出并摘抄诗歌中值得推敲的字词或者语句及其用法 2. 与小组成员一起探究特色语言的表现手法及个人的感受
规律发现员	识别每一首诗最大的特征	找出讨论的诗歌与每一个项目或单元要素的最大联结，总结每节课的学习要点
朗读艺术家	朗读诗歌，帮助小组成员熟悉文本，进一步感受诗歌所表达的情感	1. 划分朗读节奏，标注朗读重点，向组员展示，并交由组员进行评判 2. 向组展示诗歌的朗读方法，带领组员一同朗读
情感体会家	诗歌情感表达的发言人	1. 根据朗读艺术家的朗读，对诗歌的情感基调进行初步感受 2. 结合具体字词，结合相关材料对诗歌所表达的情感进行深入分析，并向组员介绍
诗歌推荐人	小组讨论的发言人	1. 综合小组成员的讨论意见，与记录人进行交接 2. 代表小组成员进行发言，推荐诗歌

诗歌咖啡馆的基本讨论规则

1. 在独立阅读阶段自主完成阅读，独立填写角色学习任务单，准备好发言提纲以保证发言的流畅性和条理性
2. 讨论阶段，由小组长分配好讨论顺序，把控发言和讨论的时间。发言的同学声音要响亮，重点要明确，尽量不重复别人的观点；没有轮到的同学要先倾听别人说话，适当记录，不无故打断别人发言，对他人的发言进行补充，要简洁明了地阐述自己的观点
3. 提前确定多轮对话的人员流动顺序，在变更讨论座位的时候，维持教室内部的秩序，以保证多轮对话的效率
4. 在面向全班进行发言时，要简明扼要地阐述讨论后的概括性观点或有价值的亮点，声音响亮，保证每名同学都能听到

③资源、工具与非正式学习设计

以单元为单位，设计和投放包括拓展性和背景性的阅读文本、音视频、微课在内的多样化学习资源和学习工具。在单元学习之初，将这些资源和工具投放给学生，引导学生围绕单元自主选择学习资源和工具、自主安排课余的非正式学习，发掘、培育个人学习兴趣。除此之外，学校还大力构建数字时代的自主学习工具与资源包，引导学生利用书籍、杂志、新媒体平台以及各类辅助学习 App，获得更丰富、完整、深入的学习体验，促进深度学习。

案例 1　新闻单元的学习资源包

一、分类新闻阅读材料

1. 浙江美术馆开馆十周年庆典　自主策划四大展览同时开幕（https://www.zjam.org.cn/Mobile/news/2019/002/001561.shtml）

2. "时代楷模"张富清同志先进事迹报告会在西安举行（https://www.gov.cn/xinwen/2019-09/06/content_5428010.htm）

3. 2019年中国农民丰收节将举办"千企万品助增收"活动（https://www.gov.cn/xinwen/2019-09/04/content_5427302.htm）

4. 电视剧《小欢喜》获专家好评：真实引发共情（https://news.cctv.com/2019/09/08/ARTIa5zlfVNvFMHyFrxwR4hK190908.shtml）

二、获奖新闻阅读材料

1. 索玛花儿为什么这样红（https://baijiahao.baidu.com/s?id=1688722470933566699&wfr=spider&for=pc）

2. "见字如面"23 年（www.zgjx.cn/2023-11/16/c_1310750071_2.htm）

结合课文旁批，梳理常见新闻体裁的特点。(模块：时效性、报道对象、篇幅、表达方式)

表 23　新闻体裁基础知识学习单

	《消息二则》	《"飞天"凌空》	《一着惊海天》	《国行公祭，为佑世界和平》
新闻体裁	消息	新闻特写	通讯	新闻评论
时效性				
报道对象				
篇　幅				
表达方式（找出1—2处依据）				

案例 2　诗歌单元的学习资源包

一、诗歌主题的电影及纪录片

《死亡诗社》《明亮的星》《最后一站》《丹麦诗人》《诗》《我的诗篇》《邮差》《诗人和他的情人》《他们在岛屿写作》。

二、诗歌知识万花筒

三、微诗资源库

一行诗、二行诗、三行诗、四行诗等其他微诗。

3. 促进高自主学习的教学策略

从微自主学习到高自主学习，教师除了要不断地搭建认知支架，提高学生的认知能力，还需要引导学生，使他们能像专家一样思考。

在教学实践中，教师通过强化学生与学习任务的真实联结，促进学生建构自己的学习责任和学习意义，让高自主学习得以真实发生。

（1）赋予学习者责任与意义

使命感和意义的建构。在学习任务设计中，通过特定角色与身份的设置，帮助学生切实地与任务内容、对象建立联系。需要注意的是，角色应是任务真实需要的，其能通过运用学科思想方法和知识技能在推进任务完成过程中起重要作用，同时角色还应是学生感兴趣的、对学生有意义的，是学生能理解和胜任的。

学习意义的维持与强化。关注学生在学习过程中的心理状态和学习兴趣、学习情绪。角色身份带来的新鲜感可能随着时间而逐渐消退；角色赋予的使命感可能因学习碰到困难和阻力而逐渐减弱。因此，在学习的不同阶段应有意识地强化学生的角色分工、角色责任，鼓励角色身份向非正式学习、日常生活渗透。如，引导学生使用角色的语言，阅读与角色相符的书籍，与真正的从业人员交流，了解角色及其工作的社会价值，通过交流、展示，增强学生的角色成就感。

案例　给自己取一个"诗人的名字"——以诗歌单元为例

在诗歌单元学习过程中，为了让学生更好地建立与诗歌的密切联系，帮助学生爱上诗歌，感受诗歌的魅力，教师请学生为自己取一个"诗人的名字"。这一下子就激发起了学生的兴趣。

学生给自己起了五花八门的笔名，这些笔名体现了强烈的个人风格。更重要的是，学生"诗兴大发"，对诗歌这一文学体裁兴趣大增。

表 24 学生给自己取的"诗人的名字"

笔　名	笔名的灵感
燕	燕代表春天的气息，生机勃勃
千树	"赖"字左右拆开，左边"束"和"树"同音
此木	"柴"字上下拆开
醉八仙	古人作诗、读诗皆会饮酒
大胖	日常又平淡，且能突出自己的特点
极光	缥缈美妙、魔幻神奇，愿诗如此
黑炭	自己很黑，又不想让自己白活
玖7	九七班的学生
李知意	南风知我意，和自己的姓名缩写 LZY 一样
轩舟	轩是一个亭子，可以避难；舟可以跟着大海一起游荡。这样当困难来临时，我可以有一个地方坐坐；当风平浪静时，我可以在知识的海洋遨游
洛七	看到窗外的落日，想到了"落夕"，但是感觉这个词太过悲伤，又因为在七班，所以叫"洛七"
深蓝	深蓝色很神秘，带给我无限的深邃遐想
二硫碘化钾	因为这种物质的"虚无"与"不存在"
钰霖	名字中有"玉"字
婳祎	娴静美好
金粟	鸣筝金粟柱，素手玉房前
不知道	不知道取什么笔名

为了强化学生对自己"诗人的名字"的意义感，在后续的诗歌学习和校园生活中，教师尽量使用"诗人的名字"和学生进行交流，同时也引导学生多使用"诗人的名字"进行创作、分享和日常交往。

（2）第一手的结构化学习资源

集团打破长期以来将学习资源主要理解为教辅、习题集的观念，重新定义了促进高自主学习的学习资源的特征与类型。

学习是以促进学生的学科内思维为目的的，应当让学生充当专业人员或一手信息探索者的角色，而不仅仅是"加工好的信息"的吸收者的角色。学生须扮演好其所属的角色，阅读并运用"角色"所在领域的专业人员使用的主要参考书、杂志和其他来源的资料[1]，解决问题，而不是完成有现成且唯一正确答案的作业。

我们认为成熟的高自主学习者，应是与时俱进地运用多样化资源和现代技术工具的学习者。因此，在结构化的资源中，除了原有的各类教材、课件、习题等经典学习资源，还强调同主题的专业文献、关联性文献、电子书、影视与音频等拓展资源，以及学科专题 App、专业数据库、工具书、通用的基础实验器材、技术工具等不同类别的学习资源和工具。

案例 1　游记单元项目化学习

本项目在"旅游产品推介会"的大任务下，设计了电视散文主播、"驴友"、广告设计师、杂志专栏主编、旅游博主等角色，从电视配音、手账制作、广告语设计、评论文章的写作、游记写作等语文任务着手，提升学生朗读、提炼概括、框架整理、分析综合、创意写作、艺术创造、跨学科应用等多种综合素养与能力。

• 角色 1：电视散文主播——为纪录片配音

参考：《航拍中国》《再说长江》《世界遗产在中国》《阿尔卑斯

---

[1] 巴格托，考夫曼.《培养学生的创造力》[M].陈菲，周晔晗，李娴，译.上海：华东师范大学出版社，2013.

山——自然的巨人》。

- 角色 2: "驴友"——制作一个旅行手账

提示: 查找目的地的信息, 记录旅行见闻, 拍摄旅行照片。

- 角色 3: 广告设计师——设计一个电视广告脚本

参考:

广告类型	示例	任务
音乐广告	《康美之恋》	创作一首歌词
故事广告	《酸甜苦辣益达》	设计一个小剧本
文艺煽情式广告	《人生不过七万六千多顿饭》	抓住情感基点铺叙渲染
悬念式广告	《十年间, 世界上发生了什么?》	做好铺垫, 设计转折
精华展现式广告	《航拍中国》宣传	设计镜头拼接

- 角色 4: 杂志专栏主编——编辑一个专栏

参考:《一滴水经过丽江》《寻常威尼斯》《纳西纳西》《第一视角: 水城威尼斯》《爱上一座城》。

- 角色 5: 旅游博主——撰写一篇深度旅游体验博文

要求: 撰写一篇深度体验博文, 抒写旅行感悟, 寻找体验师笔记中的"心理变化"与"触发契机"。

案例 2 "木艺 STEM"项目化学习

"木艺 STEM"以传统细木制作项目(杭州市"非遗"项目)为教学载体, 努力体现传承与创新、制作与学习、模仿与创意、自主与协作的有机结合。课程采用模块化呈现方式, 一个学期设计 3—4 个模块, 每个模块均由"学习任务""相关知识点"和"即时检测"三项内容组成。其中"学习任务"是指学生要做的内容,即要制作的木件；"相关知识点"是指在完成该木件制作过程中所涉及的相关学科（主要是语文、数学、科学和英语，同时兼顾美术、信息技术等）知识；"即时检测"是指与植入的学科知识点相对应的若干作业题，供学生作答，以检验学生是否真正掌握相关学科的相关知识。

课程采取自主学习的方式，学生在专门设计的平板电脑上进行学习。该平板系统共有七个学习模块："模仿视频""创意设计""工程实验""梦工厂""智能加强""新品推广会""脑洞开开"。每个模块都提供结构化资源，以明确学习内容（见表25）。这是一门将教育的选择权交给学生、探索深度自主学习方式的校本课程。在不断探索实践中，"木艺STEM"课程通过学生自主创意、自主制作、自主探索、自主评价，开发学生多样化的学习潜能，借助学科知识的有机植入，努力提升学生的学习信心和学习兴趣，最终在不同程度上反哺学科教学，达成促进学业成绩提高的美好愿景。

表25　"木艺STEM"项目化学习结构化学习资源

学习模块	结构化学习资源	学习内容
模仿视频	杭州市精细木工"非遗"传承人拍摄的特定木件的完整制作过程	通过慢放、反复放视频，自主学习制作过程
创意设计	相关学科知识，如创意说明书（中英双语版）、"三视图"画法、"黄金分割"知识（数学）、杠杆原理（物理）等	学习相关知识，按照自己的想象，自主设计个性化的同类木件
工程实验	各类相关实验，如"验证摩擦力存在"等	围绕着所做木件做实验，提升自主探究能力

（续表）

学习模块	结构化学习资源	学 习 内 容
梦工厂	个性化的木件制作任务及相关要求	学生的"创意设计"经过验证和完善后，付诸制作
新品推广会	各类产品推广会文案及视频评价量表	自主撰写中文或英文的产品说明书，设计宣传海报；展示作品，民主评选出最优作品
脑洞开开开	全科阅读资料、任务—问题支架、思维导图支架等	写活动总结；梳理问题，进行拓展性深化学习；利用思维导图完成学习整理

三、融创课堂的延伸探索："四创三提"的学教新样态

初中生已具有一定的严谨性和逻辑性，正处于养成良好学习习惯以及树立正确思考认知的关键节点。在初中阶段开展深度学习活动，可以激发学生的学习积极性，有效培养学生的审视和反思意识，有效提升学生的高阶思维。然而集团在调研中发现学生在学习过程中并未发生"深学习"，存在"浅学习"现象。分析其原因，主要有以下两点：第一，学生自身的学习情况导致"深学习"难以发生。学生的学习状态游离消极，学习方式被动单一，学习获得感偏弱。第二，教师的教学设计阻碍"深学习"的发生。教师未能跳出传统教学设计的窠臼，设计的学习任务缺乏挑战性和驱动性，设计的学习场景脱离现实性和实践指导性，设计的学习方式单一且具有限制性，设计的学习评价未能体现诊断性和发展性。为最大限度促进学生"深学习"，我们引入了"深学习"理论，构建了系统完善的"四创三提"学教新样态

教学模型。

（一）"四创三提"学教新样态的设计

"四创三提"学教新样态设计围绕"四创"与"三提"两大核心策略，旨在重塑教学与学习的新样态。"四创"聚焦教师的教，通过创设富有挑战性的学习任务、创构联系生活的学习场景、创建自主选择的学习方式以及创制增强获得感的学习评价，以提升教学质量与效果。"三提"则立足于学生的学，致力于提高学生的学习调控自律能力、提高学习方式选择能力以及提高学习结果评估能力，旨在培养学生的自主学习能力、元认知能力和自我评估能力。

1. 设计原则

（1）理解深度性原则

设计有挑战性的学习任务可以根据理解的六个维度展开。UbD（追求理解的教学设计）理论认为，理解是指善于明智、有效地在变式的、关键的、联系实际的和新颖的情境中运用知识技能。理解的六个维度包括解释、释义、应用、洞察、移情和自知，从认知与情感的角度勾画出成熟的理解。为了帮助学生掌握学科中的基本概念，集团提出要设计驱动性任务，它是一种可以展开讨论，有充分理由来论证的任务。教师根据理解的六个维度，设计引导性问题来组织教学内容和单元主题。

（2）深度情境性原则

我们的学教新样态是一类解决结构不良问题的课堂样态。它的主要特征之一是偏重让学生自主选择学习方式、教师较少进行讲述。学生必须担负起学习的责任，教师是指导学生进行元认知学习技巧的教练。教师进行课堂设计的基本思路是把学习置于复杂的、有意义的问题情境中，通过让学生合作解决真实的问题，让学生锻炼解决问题的技能、形成自主学习的能力。在抽象概念和定义概念的构建过程中，学生需要通过小组深度合作，选择合适的学习方式，共同解决复杂的问题或完成复杂的任务及项目，学生在问题解决过程中独立思考，提出假设并进行论证，最后进行交流和反思。

（3）应用迁移性原则

学习科学领域著名学者多诺万、布兰思福特和佩莱格里诺将真实学习定义为这样一种教学方法：允许学生在涉及真实世界的、与学习者关联的问题和项目的情境脉络中进行探索、讨论和有意义地建构概念和关系。通过新知的展示论证，学生还需要对习得的概念进行进一步应用，才能够促进对知识的深层次理解，并突破性地完成任务或项目，从而把概念和技能应用到不同的情景中，达成迁移。这样能在多元的评价体系中，全面考量学生的应用迁移能力，增强学生的学习获得感。

2. 设计内容

（1）"四创"——立足于教师的教

① 创设富有挑战性的学习任务

基于初中各年级学情分学段构建大任务体系，根据学习深度设计初级、中级、中高级和高级任务。大任务体系构建的是连续的、开放的、系统的和螺旋式上升的挑战性学习任务。教师可以随时浏览学习数据，梳理学生在学习过程中遇到的困难和问题；可以根据学科学习目标及学生的学习困惑，凝练讲授内容；可以根据最近发展区理论为不同的学生设置具有挑战性的课堂任务，引导学生进行讨论与协作；可以根据学习数据分析结果，再次发布学习任务，引导学生进行探索和修正。通过这一系列动作，教师可以得到学生画像，为下阶段设计挑战性任务提供学情信息。

② 创构联系生活的学习场景

我们致力于在初中教育阶段构建一个无缝对接生活的大情境学习场域。通过跨越时空界限，重构知识场、资源场与虚实场，打造全方位、泛在的学习生态。此空间让学生置身于真实生活的情境中，体验个性化学习的魅力。情境教育的点、线、面布局，使学习空间充满沉浸感，促进学生深入思考，全身心投入。教师运用前沿技术，突破校园物理界限，拓展学习边界，让学习内容紧密贴合学生生活实践。同时，融合虚拟与现实，依据学生个性、思维及学习成效，推送贴合社会经验的学习材料，确保每个学生都能在深度学习中获得成长。

③ 创建自主选择的学习方式

在新课改深入发展的背景下，教师应结合教学发展要求融入不同的教学方法。我们基于初中十大学科学习内容构思学习方式大样态建设，根据学习任务设置自主学习、同伴协作、团队探索三种学习方式；根据个体差异设置线上学习、线下学习和线上线下混合式学习三种学习方式。学生可以自主选择不同方式学习课程资源，分享心得；可以基于学习经验，自主选择同伴协作或团队探索方式；也可以与教师进行深入互动和对话，建构模块化的知识结构，完成学习任务；还可以按照自己现阶段的能力和兴趣，组建团队，完成知识网络构建。

④ 创制增强获得感的学习评价

基于初中常态化学习活动构想，根据学科特征和课堂类型设计量化多元评价、主体多元评价和载体多元评价等三大评价体系，建设学习评价大标准。依托"四创三提"学教新样态模式、大标准建设，帮助学生从不同维度评价自己进而增强学生的学习获得感。在自我提升层面采取弹性评价标准，重点关注每节课的增量；在过程与方法层面实施差异性评价，考查学生对学习方式方法的选择能力；在核心素养指向层面采取多样化评价，考评学生的社会责任、生活心态、学习态度等。

（2）"三提"——立足于学生的学

① 提高学习调控自律能力

在大任务体系中，学生根据自己的能力水平尝试完成富有挑战性的任务，努力激发与控制自己的认知、情感及行为能力，进而达到具身学习状态。在学习过程中，挑战性任务能够帮助不同特点的学生展现出更强大的自我调控能力，多维的自我评价体系能够助力学生提升自律水平。在学期刚开始形成自律的学习氛围，加强自我分析与评价，巩固自律能力。

② 提高学习方式选择能力

在大情境场域及新样态学习方式中，学生根据自身的个性化需求选择不同的场域开展学习、选择不同的学习方式进行探索，从而有效提升元认知能力。在选择学习场域和学习方式的过程中，多样的学习途径能够培养学生的批判性思维和创造性思维，帮助学生找到适合自己的有效的学习方法。我们提供四种学习活动：按教育大纲规定的课堂学习活动；补充课堂学习的自学活动；独立钻研的创造性活动；相互讨论、相互启发的学习活动。在各种不同的学习活动中，学生都要发挥学习的自主性，可根据自己的情况，选择适合自己的最有效的学习方法。

③ 提高学习结果评估能力

在大标准的评价框架中，学生对自己达成的知识技能、核心素养和人际关系等预先设定的目标的情况进行衡量，通过不同维度的考量，学生能获得较强的学习获得感。在评价体系中，弹性、差异性和多样化的评价将学生学习的质和量真实地反映出来，集团以过程性的方法和发展性的理念培养学生的自我评估能力。

学生须进行自我评估，判断自己是否有以下能力：获取信息的能力，包括感知能力、阅读能力、搜集资料的能力等；加工、应用、创造信息的能力，包括记忆能力、思维能力、表达能力、动手操作能力、创造能力等；学习调控能力，懂得如何确定学习目的、制订并调整学习计划、培养学习兴趣、克服学习困难；自我意识和自我超越的能力。

（二）"四创三提"学教新样态的实施

在具体实施中，我们以促进学生深度学习为核心，通过"四创"策略与"三提"目标，打通全学段、全学科和全时空的学习途径。从课前资源准备到课中深度互动，再到课后反思与团队合作，形成学习循环。在循环过程中不仅注重知识的获取与迁移，还强调学生素养与能力的全面提升，打造个性化、高效能的深度学习环境。

1. 实施流程

支持深度学习的"四创三提"学教新样态设计了打通全学段、全学科和全时空的深度学习途径，通过课前、课中、课后和后置性学习四个环节，围绕整合式学科内容、主题化课程结构和系列性探究活动，培养学生获得从识记理解到问题解决的能力，从而支持学生进行深度学习。"四创三提"学教新样态需要满足学生的个性化发展，增加课堂深度学习时间，因此实施过程要以促进学生自主学习能力、合作探究能力、实践创新能力等素养能力的提升为基本要求（实施流程如图69所示）。

（1）基于学科整合式的"四创三提"学教新样态

在课前资源库的支持下，教师在线上提供学习资源，学生自主完成初级学习任务，并与同学开展交流。教师浏览分析学生学习数据并梳理课前学生遇到的问题，为课堂教学做准备。在课中，教师根据课前学生遇到的问题，引导学生讨论，并让学生进行协同探究，完成中

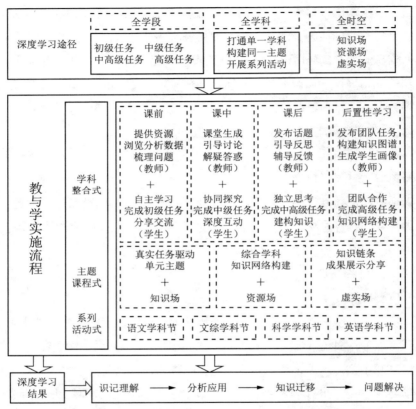

图69 支持深度学习的"四创三提"学教新样态教学实施模型

级学习任务。教师再根据课堂生成的新问题解疑答惑，与学生进行深度互动。在课后虚实场的支持下，教师在线上发布话题并进行相应辅导，引导学生进行思考与反思，让他们独立完成中高级学习任务，帮助学生建构知识体系。在阶段性学习之后的虚实场中，教师在线上发布团队任务，鼓励学生进行团队合作，完成高级任务，构建完整知识网络。教师通过分析学生学情，获得学生画像，为下一阶段的备课做准备。

案例

"成为一名优秀的运动员需要具备哪些条件？"结合多位游泳冠军来自杭州的背景，这个问题促使学生将现实生活问题与数学问题建立联系，通过数据收集与整理、数学建模、数据分析等方法，体会数据中蕴含的信息，发展数学核心素养。本案例综合生物、体育、信息技术、数学等多个学科，以跨学科的学教方式，为学生提供了指向真实生活的学习情景，为跨学科核心素养的发展提供了可能。

（2）基于主题课程式的"四创三提"学教新样态

教师在组织主题课程式学习活动时，以知识网络构建为核心，创设真实任务以驱动全科融合。在实践过程中，教师结合不同学科知识的优势和特色，根据知识属性和学生发展的需要，创设富有挑战性的真实任务，提供不同的学习工具和方式，让学生在真实任务的驱动下，在不同的学习场域中，结合各学科内容、选择合适的学习方式，完成不同等级的子任务。每个子任务完成后，教师会为学生分享、展示成果提供舞台，及时鼓励，增强学生的学习获得感。

案例

重新聆听《鳟鱼五重奏》，感受音乐意境。

预习检测：什么是钢琴五重奏？

重难点精讲：聆听变奏一，说出主奏乐器，感受节奏变化。聆听变奏二，说出主奏乐器。聆听变奏三，说出主奏乐器和钢琴伴奏的特点。聆听变奏四，感受音乐情绪的变化，并从音乐要素上

分析出乐曲变化的原因。聆听变奏五，说出主奏乐器，感受弹奏力度，理解音乐中的情感。

协作问题解决：说说音乐情绪又变得如何了？为什么要变成这样？

分享展示：创编歌曲，选择合适的变奏方法，尝试用歌曲《小星星》的曲调，创作《小星星变奏曲》，并在不同平台展示。

思维提升：总结《鳟鱼五重奏》的变奏方法，并让学生了解什么是变奏曲。

总结深化：透过舒伯特的音乐，看到了一个生动又富有哲理的世界，升华《鳟鱼五重奏》的音乐主题。

（3）基于系列活动的"四创三提"学教新样态

我们以学科为主线开展学科节等系列活动，不定时开展以问题解决为核心的目标活动，通过创设联系生活的学习情境，引导学生在不同的学习场景中，将正式学习和非正式学习相结合，自主调控学习进度。让学生挑战不同层级的任务，进行探究性学习，直到找到问题解决的方案。在大情境场域中，设计跨学段、跨时空的协同任务（如作诗、制作微课、制作模型等），让学生自主选择学习方式。在学段连续、学科整合、时空开放的学教样态下，增强学生的学习获得感，帮助学生评估自身学习能力。

案例

语文学科节"献给春天的诗"，借助八年级下册第三单元的综合性学习《古诗苑漫步》，让学生对诗歌有全新的认知和感受。

文综学科节，通过让学生自制微课的方式，让学生评述历史人物或历史事件，进一步落实历史课程学史明理、学史增信、学史崇德、学史力行的育人要求。

在促使学生进行深度学习的教学中，教师主要设计学科整合式、主题课程式和系列活动式的教学内容。构建同一主题下的知识网络，开展系列活动，营造全时空知识场、资源场和虚实场，最终帮助学生实现深度学习，使学生由浅入深地掌握知识，提高学生的识记理解能力、分析应用能力、知识迁移能力和问题解决能力。

2. 实施策略

（1）课堂实施策略

策略一：利用深度理解策略，开展富有挑战性的学习任务。

教师基于生活情境和深度理解策略提出学生感兴趣的挑战性问题或驱动性任务（见表26），开展富有挑战性的问题解决或任务驱动式学习，调控学习进度，引导学生自觉整合相关知识点，建立知识之间的联系。

案例

表 26 任务规划

子任务	子任务名称	学习任务安排
任务一（2课时）	课题合作研究与数据收集	1. 撰写项目研究的计划书 2. 准备好测量身高、臂展、脚长等所需的工具 3. 在教师的帮助下，安排好前往滨文中学、陈经纶体校进行测量的流程 （支持性工具：团队合作、项目研究计划书、Excel 表格）
任务二（1课时）	学习软件的拟合函数功能	1. 完成 KWL 表中的 Know（已知）和 Want（想知） 2. 学习 Excel、SPSS、几何画板等软件的拟合函数功能 （支持性工具：KWL 表、电脑）

子任务	子任务名称	学习任务安排
任务三 （1课时）	对比研究身体 形态差异	1. 借助统计图表描述数据 2. 对比普通人和游泳运动员身高与臂展、下肢长、脚长关系的差异 （支持性工具：Excel、SPSS、几何画板等软件）
任务四 （2课时）	成果汇报	1. 各小组将研究的成果制作成PPT进行汇报 2. 制作海报，撰写研究报告 3. 制作与游泳运动有关的身体形态评估系统 （支持性工具：PPT、MATLAB编程）

策略二：利用深度情境策略，营造联系生活的学习场景。

教师基于深度情境策略，提供分层合理、螺旋式上升、具有挑战性的学习任务，营造联系生活的学习场景，激发学生的学习兴趣，引导学生通过实践将概念内化，帮助学生在多种真实的问题情境中进行深入持续的实践，使学生能创造性地解决不同深度情境中的复杂问题。

案例

在教学过程中，遇到有实际情境的问题，立刻将数学模型"挖"出，把情境当成一种"装饰"。

运动与身体形态项目驱动性问题：要成为一名优秀运动员是否需要在身体形态上具备先天优势？

自主学习：收集专业运动员身体数据。

协同探究：使用Excel分析数据。

独立思考：对比普通人和游泳运动员身高与臂展、下肢长、脚长关系的差异。

团队合作：撰写研究报告。

项目中的真实情境能让学生更直观地体会到"数学来源于生活，运用于生活"，能从多方面激发学生的灵感，使他们在项目活动中提高知识运用能力。

策略三：利用深度多元策略，提供多样化的学习方式。

教师基于深度多元策略，根据学生的学习需求，为学生提供不同的学习场域及对应的学习方式，引导学生根据自身个性化需求选择不同的场域，提高学生的元认知能力和学习方式选择能力。

案例

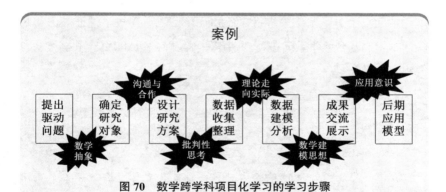

图70　数学跨学科项目化学习的学习步骤

回顾整个项目的实施过程，学生在解决真实情境（跨学科）问题中提升了"四能"，在合作探究学习的过程中发展了素养。项目化学习从发现问题到提出问题，往往要经历从语言表达到数学表达的过程。其中，语言表达不仅包括日常生活语言，还包括其他学科的语言。教师要帮助学生感悟如何从数学的角度审视问题，在发现和提出问题的过程中，要引导学生用数学的眼光观察现实世界，使学生懂得如何根据实际情况选择不同的学习方式。项目化学习采用跨学科的学教方式，可以让不同的学科知识产生交流和碰撞，实现多渠道教学资源共享，帮助教师拓宽教研思路，促使学生各学科知识能力互相渗透。在教学实施过程中，教师通过驱动性问题、任务规划，引导学生思考、动手实践和解决问题。

策略四：利用深度迁移策略，制作增强获得感的学习评价。

教师基于深度迁移策略思考如何将学生的课堂知识掌握程度外显化，帮助学生对学习结果进行自评和互评。教师在教学过程中，利用深度学习的四个教学策略进行"四创"，学生在教师的引导下学习能力得到"三提"。

案例

本项目评价涵盖产品与实践两大维度，融合自评与互评，确保评价多元化。产品评价聚焦于小车的性能，有团队自评与互评两种方式，在"小车制作"环节结束时实施。实践评价则围绕实验设计的各个环节，包括假设的提出、方案的制订、结论的归纳及表达交流，学生自主讨论，共同制订评价标准量表，并在实验结束后在团队内进行互评。

表 27　小车性能评价表

评价内容	评价量规	评价等级	原　因
小车制作测试	小车外形大小适中，美观	☐通过　☐不通过	
	制作材料易获取	☐通过　☐不通过	
小车运行测试	小车组装后能稳定运行	☐通过　☐不通过	
	小车可以稳定直行	☐通过　☐不通过	
	小车能在水平面上行驶2米以上	☐通过　☐不通过	

项目深度融合真实情境，激发学生兴趣，通过"真情境"与"真体验"促进科学核心素养的落地。学生制作小车并展示成果，获得成就感。然而，项目实施中须优化部分环节：

1. 确定小车要素时，教师应适时指导，引导学生明确探究方向，确保探究活动的可行性。

2. 鉴于在制作小车时，有多种零件可供选择，教师应提供资源库与材料库等辅助工具，这样既保障学生主动性，又提高学生探究效率。通过优化上述环节，进一步完善项目实施流程，提升教学质量与效果。

（2）推进实施策略

① 建立试点推进

通过四个层面进行试点推进。

其一，使用试点班级或者试点学科以点带面。

试点班级是指选择某几个班级，鼓励该班班主任带动任课教师，基于"四创三提"学教新样态支持学生进行深度学习；试点学科是指选择某几个学科，鼓励该学科教师基于"四创三提"学教新样态开展教学。

其二，针对试点师生进行常态化观察诊断。

采集师生课堂行为、学生错题等数据，建立学情大数据库；检验学生学习调控自律能力、学习方式选择能力和学习结果评估能力，实现教学起点的精准定位；尊重个性化差异，聚焦学习特点，探索立体化、生态化的课堂学习模式，创设富有挑战性的学习任务、创构与生活相联系的学习场景、创建自主选择的学习方式、创制增强获得感的学习评价，实现"四创三提"学教新样态。

其三，发现问题及时分析反馈，督促改进。

为教师搭建多元展台，聚焦研修模块，打造"论坛季"，采用"开讲吧"的方式，发现问题并及时分析反馈；就研究话题鼓励参与试点的教师分享见解、体验和心得，邀请校内成熟教师作为评委进行点评，督促改进。

其四，在已有试验的基础上继续深度实施。

在融创课堂已有的个性化学习资源、课堂载体学历案、个性化评价设计等集团资源和教学实践的基础上，依据"四创三提"的评价细则，继续深度实施，打造"四创三提"学教新样态。

② 搭建"双赛"平台

在集团内搭建比赛平台，着力提升学教新样态的影响力，增强持续推进的动力。主要从赛课和赛学两个方面进行赛事设计，为教师和学生预设比赛目标和主题，通过初赛、复赛和决赛选拔优秀教师和学生，并对他们进行表彰。

表 28　"四创三提"学教新样态下赛学评价细则

评分指标	评　分　细　则
分析题目（20分）	分析精准到位，不跑题、不偏题，思路清晰，提供多种解决方法——20分 分析准确，不跑题、不偏题，思路较为清晰——15分 分析较片面，思路混乱——10分 分析不当，略有跑题、偏题——5分 分析有误，思路混乱——0分
群学过程（20分）	群学用语准确，流程规范，讲解题目完整、细致——20分 群学用语准确，流程规范，讲解过程较完整——15分 群学用语欠佳，流程规范，讲解过程完整性一般——10分 群学用语欠佳，流程规范，讲解完整性较低——5分 群学用语不当，流程模糊，讲解过程混乱——0分
时间掌控（10分）	在讲解完整、清晰的前提下，用时150秒至180秒——10分 超时在60秒以内或用时不足120秒——5分 超时60秒及以上——0分
互动情况（20分）	互动及时，强调重难点，提醒同学做笔记，关注学情——20分 互动及时，强调重难点，提醒同学做笔记，但对学情关注度不够——15分 与同学有互动但不及时，提到重难点——10分 仅与同学互动且不及时——5分 无互动，不关注同学——0分
板书设计（20分）	板书提纲、思维导图等重点内容，简洁明了，字迹整洁美观——20分 板书提纲、思维导图等重点内容，简洁明了——15分 板书提纲、思维导图等重点内容，简洁度、美观度一般——10分 板书提纲、思维导图等重点内容，简洁度、美观度较差——5分 无板书——0分
讲课仪态（10分）	昂首挺胸，自信大方，口齿清晰，声音洪亮——10分 自信度一般，声音较小——5分 不自信，声音细小——0分
总计（100分）	

表29 "四创三提"学教新样态下赛课评价细则

时间			班级		授课教师			
课题					总分		等级	
指标	权重	指标细则				等级和得分		
						A	B	C
（一）目标意识	24	（1）钻研教材，注重学历案设计的科学性				8	6	4
		（2）学情研究到位，学习目标设置准确				8	6	4
		（3）课中活动的实施能有效地落实目标，效率高				8	6	4
（二）组织管理	30	（4）创设富有挑战性的学习任务				10	8	6
		（5）提问的质量高，注重追问，训练学生思维				10	8	6
		（6）创构联系生活的学习场景				10	8	6
（三）主导作用	30	（7）创建自主选择的学习方式				8	6	4
		（8）指导抓住重点，富有启发性				8	6	4
		（9）创制增强获得感的学习评价				5	4	3
		（10）媒介选用适当、有效				4	3	2
		（11）小结言简意赅，有助于学生积累学习经验				5	4	3
（四）情感因素	16	（12）语言表述流畅，教态富有激情				4	3	2
		（13）注意激励学生，对学生充满期待				4	3	2
		（14）师生交流民主，课堂氛围和谐				4	3	2
		（15）注意分层教学，帮助有困难的学生				4	3	2
亮点与建议								
						评课人：		

3. 支持系统

（1）场域支持系统

我们依据"四创三提"构造大情境场域支持系统，根据时空界限和场域形态可将其分为知识场、资源场和虚实场。知识场为打破学校物理空间的限制，使用新技术延伸学习的广度和深度，实现优质资源共享；资源场为有效整合家校资源，灵活教育，追踪学生的兴趣；虚实场为融合虚拟空间和现实空间，结合学生个性特征、思维模式等，通过增强现实技术，智能系统为学生推送学习内容，为学生打造视界交互的深度学习空间。

（2）教研支持系统

我们依据"四创三提"从教研角度设计学教新样态下教研支持系统，以期能够准确评价在学教新样态下的课堂教学成效。该量表基于"四创"的课堂教学，支持教研组观课、磨课、评课，帮助教师进行课后反思（见表30）。

表30　"四创三提"学教新样态下课堂评价量表

一级指标	二级指标	赋分值（共10分）		量化评估
		教师	学生	
学习任务	设计分层，具有挑战性，适合最近发展区，激发学习兴趣	5	0	
	具身学习状态，沉浸式参与学习	0	5	
学习场景	联系生活经历，提供多种学习场域，使学习与生活结合，学习不再受时空限制	5	0	
	自控自律，高效协作探索学习	0	5	

一级指标	二级指标	赋分值（共10分）		量化评估
		教师	学生	
学习方式	设置多样的学习方式，并根据不同维度提供	5	0	
	能批判性地选择合适的学习方式，并能创造性地使用	0	5	
学习评价	设置弹性、差异性、多样化的评价机制	5	0	
	从多维度进行自我评价	0	5	

（3）评价支持系统

我们依据"四创三提"从评价角度设计学教新样态下的评价支持系统，以期能够准确把握在学教新样态下学生的深度学习程度和能力提升水平。在阶段性学习之后，学生开展自评和互评，通过以下评分细则评价自身的学习调控自律能力、学习方式选择能力和学习结果评估能力（见表31）。

表31 "四创三提"学教新样态下学生自评表

评价指标	评价标准	自评（1—5）	互评（1—5）
学习调控自律能力	自我认知的激发与控制		
	挑战性任务的完成		
	具身学习状态		
学习方式选择能力	选择恰当的学习场域		
	选择不同的学习活动		
	选择有效的学习方式		

（续表）

评价指标	评价标准	自评 （1—5）	互评 （1—5）
学习结果评估能力	较强的学习获得感		
	自我评估能力		
	获取、加工、应用信息的能力		

第四节 融创课堂的实施样态

竺可桢先生用其一生诠释着"排万难冒百死以求真知"的"求是"精神。在集团化办学的背景下，竺可桢学校教育集团秉承"惟求其是，公忠坚毅""归真""高情远跖，卓立曲江"的三校校训，挖掘竺可桢学校"求是优课"的"求是"精神、浦沿中学"TOP 课堂"的"求真"品质、滨文中学"融创+"智慧课堂的"求实"作风，以融合创生为路径，探寻集团内三校课堂文化的共通，推进三校课堂文化共融，助力课堂教学变革共进。

为了扩大优质教育资源覆盖面，缩小学校之间在师资力量、教育质量等方面的差距，集团坚持教学工作同频共振，在教学上做到"六统一"，即统一常规的教学工作计划、统一推进学历案、统一教学进度、统一期中期末质量检测、统一开展"竺可桢杯"学科竞赛并表彰、统一开展竺可桢文化节等项目学习活动。

同时，集团各校在教学内容呈现方式、学生学习方式、教师教学方式、师生互动方式等层面，积极探索集团内优质教育资源的辐射、下沉、融合，尤其是在学生自治能力培养、智慧教育赋能、小组合作路径探索、大单元学历案全面推广、项目化学习深度推进等方面，积极实现集团内课堂理念和教学资源的共享、互通、共生，不断扩大覆盖面和受益面，从而实现集团各校优势互补且让集团各校能在融合中均衡发展，形成和而不同、各美其美、美美与共的课堂样态，推动课堂高质量发展，全面提升教育教学质量。

一、竺可桢学校："求是优课"变革

《基础教育课程改革纲要（试行）》指出要"改变接受学习、死记硬背、机械训练的现状，倡导学生主动参与、乐于探究、勤于动手"。竺可桢学校基于"求是"精神，致力于打造"求是优课"，从班组文化建设、学历案设计、生训建设、师训建设四大方面进行课改探索，努力改变教与学的方式，积极引导学生进行自主学习、合作学习、探究学习。

（一）核心要素：课堂范式

"求是优课"规范并细化了师生在课堂学习的各项环节中的具体要素（见表32、表33）。

表32　学生在课堂学习的各环节中的具体要素

学习环节	要　素	内　　容
课前之学	主动感知	情境设置和任务驱动的全课学历案
课中之学	小组合作	同题重组，板块切割重难点
巩固之学	主动建构	学习展示—技术赋能—提炼补充—当堂反馈
拓展之学	挖掘延伸	主动练习，目标落地

表 33　教师在课堂教学的各环节中的具体要素

教学环节	要　素	内　　　容
备课	课前预案	学历案
上课	课中点拨	知识点和重难点，学情第一次交流
评课	环节点评	知识落地，学情第二次交流
思课	课中课后	整理疑难点，进行学情追问和教学反思

（二）"求是优课"的项目推进

1. 优化后的班组文化建设阐述

班组文化建设作为课程改革的关键基石，可以促进学习共同体凝聚力、协作力与向心力的显著提升，其成效直接关系课堂生态、组织、样态及评价体系的革新。班组文化涵盖班级的显性文化、隐性文化及小组文化。

在班级环境建设方面，学校精心规划六大板块：班务公示栏、绿植区（花台或花架）、图书角、小组合作评价展示、个性化生命护照袋及墙面文化设计。须明确，班级环境仅为班级文化的物质载体，其核心在于构建独特的班级文化氛围。各班级应在秉承学校文化精髓的基础上，自主设计班名、班徽、班训、班规、班歌及班级誓词等，并将这些元素集成于班牌之中。此过程鼓励各小组进行创意比拼，通过自主设计、组间竞赛，评选出最佳方案。

班组文化建设标准强调"六个一"原则：一套解读详尽的剧本、一套配套解说词、一套展示用 PPT、一套上墙展示的显性文化图标、一首集体创作的励志诗歌以及每个学生的个性化绿植（一盆花）。班组文化展示应成为日常，每日至少一次，特别推荐在午休后 10—15 分钟进行，确保文化浸润的持续性。目前，各班级已结合自身特色与精神风貌，形成了丰富多样的班组文化。

小组文化建设是深化班级文化的重要途径，它不仅是凝聚的基石，还促进学生的相互理解和支持。小组划分遵循"组间同质、组内异质"原则，采用2A、2B、2C结构，兼顾学生性格与能力差异，实现显性异质与隐性同质的有机结合。在小组内部，每个学生担任双重职务，增强学生的责任感，提高他们的参与度。通过组织小组竞赛、实施量化考核、评选课堂之星与优胜小组，通过班队活动、辩论赛等多元化形式，激发了小组间的良性竞争，也确保了小组行动在时间与空间上的全方位覆盖，进一步巩固了小组文化的建设成果。

　　2. 生训建设

　　提升课堂展示效率是课堂改革的目的，而"以生为本"是课堂改革的终极宗旨。学校应努力让学生形成较强的组织和协调能力，口头表达能力，沟通交际能力，发现、提出、解决问题的能力，形成服务同学和集体的意识。培训与赛培成为竺可桢学校生训体系的两翼，共同促进生训建设走向更高的平台。为将"小老师"培训体系化，学校开展了班主任、学科教师对"小老师"的培训，组织"小老师"交流经验、互相学习，还邀请了滨文中学金牌"小老师"进行跨校经验交流活动。

　　针对"小老师"的系列培训是以学科组为单位的，分别由语文、数学、英语、社会、科学的学科小组长及行政小组长对"小老师"进行培训，培训内容涉及学科知识、授课方法以及"小老师"的职责、任务、要求等。培训通过教师讲授和学生实操训练两种方式进行。参训学生在后期课堂中表现出色，培训达到预期成效。

　　赛培助力，学校开展"小老师"教学技能大赛。首届"励志杯"小老师课堂教学技能大赛在2022年4月进行，分初赛、复赛、决赛，各学科组依据学情，精心设置领学试题。每个选手提前半小时抽取试题，自主学习准备后，上台模拟"小老师"，对题目进行3—5分钟的领学。大赛设置金奖、银奖和铜奖，获奖的学生将会组成金牌"小老师"团队，负责后续的学生生训。

3. 学历案设计

学校开展了多层次的学历案设计专题研训。学校会阶段性开展全校性的学历案要点培训，会研究不同学校课改过程中形成的不同风格的学历案设计思路并有针对性地进行吸收和借鉴。学校以备课组为单位开展具有学科特色的学历案设计方案。

竺可桢学校学历案遵循一课一案的课时化原则，力求与教材紧密配合，加强学习设计的可操作性。形成了"学案≠教案""共案≠个案""个案≠终案"的高标准准则。每一课时的学历案都遵循"五备五案"的操作流程，即个人初备（全面备课，形成初案）、备课组集备（讨论优化，形成共案）、课前个人复备（融入个性，形成个案）、课中续备（课堂生成，形成续案）、课后补备（教后反思，形成补案）的完整流程。

4. 师训建设

巡课落实，进行常态课堂质量监控。课堂是课改的主阵地，教师则是课改的先行者。教师教学观念的转变指导其优化课堂的设计和建构，提高课堂的呈现效果。因此学校将常态课程的监控、指导、督促作为教师培训的重要一环。为开展全面、全程的质量监控，竺可桢学校立足常规课堂，对"求是课堂"目标的达成、学生自主学习的情况、教学方法的拓展、教学效果的评价、教学主体的满意度进行全方位监控，逐班、逐学科、逐教师跟进视导、落实。实行巡课制度，落实措施，将检查中发现的异常情况反馈给相应的教师，着力提高课改教学质量，促进课改常态化、规范化、精细化。

以赛促培，举办首届"求是优课"赛培活动。学校为全力推进课程改革，进一步优化"求是优课"教学模式，着力打造学科优质教研平台，促进教师专业化成长，提高学校整体教学质量，特举行首届"求是优课"教学赛培活动，努力探索"求是优课"的学教新样态。

二、滨文中学："融创＋"智慧课堂变革

"融创＋"智慧课堂基于"求实"理念，依靠大数据技术，精准了解学生的性格特点、兴趣爱好以及差异化学习需求，通过开展契合学生个性化需求的课堂教学，探索学教方式的转型升级，从而提高课堂的学习质量，发展学生的学习力。学校通过课堂行、项目周、论坛季等现场"共卷"行动和班组两级的育人助推系统，打造"研训"一体的师生学教共同体，形成了相对完善的学教新样态——"融创＋"智慧课堂（见图71）。

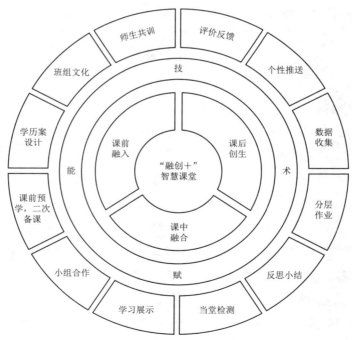

图 71 "融创＋"智慧课堂结构图

（一）基于以学定教的学教新样态:"融创+"智慧课堂

1. 以学定教,融创相生

"融创+"智慧课堂是以主动学习为基点,以小组合作学习为主要学习方式,构建基于以学定教、先学后教,有机融合现代化信息技术和各类资源,创设生态化学习环境,营造沉浸式学习体验,促进多维、多向、多边学习互动的新型学教方式。

在教育教学过程中,学校借助现代化技术,以大数据为支撑,实时记录、跟踪和分析学生在教学过程中的学习表现,以学生为学习主体,在课前、课中、课后三个环节开展具有针对性的差异性和个别化教学,重点探索学生"学"的方式。在融入现代化技术后,学校构建符合智慧课堂特征的新型学教模型,以最大限度促使学生在学习上有真正意义的收获、进步。

2. 技术赋能,精准教学

"融创+"智慧课堂用技术赋能课堂教学。技术赋能包含德育、智育两个层面和课前、课中、课后三个阶段,渗透教学全过程（见图72）。课前,向学生推送学历案,集成数据,教师确认学情,优化教学设计;课中,教师在云端发布议题,学生进行线下合作探究,教师用平板电脑集聚成果,在小组间推送分享;课后,向学生推送微课,布

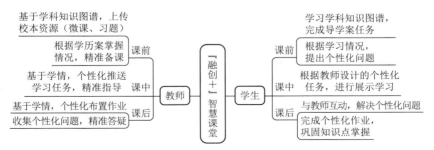

图 72 "融创+"智慧课堂技术赋能操作图

表 34 "融创+"智慧课堂的活动结构

阶 段	步 骤
课前融入阶段	1. 师生共训。生训和师训双线并进，力促教师学科能力和学生学习力的提升 2. 班组文化。建立班组文化建设系统，创设和优化学习场，提升学生小组合作能力、自主管理能力和自主学习能力 3. 学历案设计。通过问题设计、活动设计和评价设计，实现导学与预学，要求"教—学—评"一致 4. 课前预学，二次备课。教师课前检查预学，反馈学情，二次备课
课中融合阶段	1. 小组合作。学生通过小组竞争、小组辩论、小组协作、小组讨论等活动，参与课堂，自主学习 2. 学习展示。小组合作后进行学习成果展示，将这一展示环节作为激发预备学习和获取学习反馈的有效途径。在这一过程中，教师可进行学习诊断和评价，并以此给予反馈、补充知识、拓展内容、调整教学策略 3. 当堂检测。教师聚焦教学目标，及时进行课堂检测与反馈 4. 反思小结。教师在课内引导学生反思并总结，梳理知识，习得技能，内化价值
课后创生阶段	1. 分层作业。教师根据学情分层布置作业 2. 数据收集。教师检查作业，收集数据 3. 个性推送。教师根据学情，进行作业个性推送，精准答疑 4. 评价反馈。教师对学情进行评价和反馈，二次批改作业。此外，建立评价系统，综合课内与课外、师评与生评，融交互反馈与嵌入评价，促学生学习能力可视化、生活能力自主化

置分层作业，收集错题并形成错题集，努力实现个性化教学。最后，可以形成精准的学情数据分析报告，以备个辅提质。此外，学校还打造了线上评价系统，公开公平且高效。

"融创+"智慧课堂旨在有机融合现代化信息技术和教学资源，通过融资源、融技术、融师生，创知识、创经验、创自我，实现提质强校、全面育人的目标。

（二）"融创+"智慧课堂的现场行动

1. 课堂行：模型建构，观课评议

根据项目需要，学校面向全校遴选优秀教师作为一线教学的实践者、观察员、指导者。学校通过专家讲座、现场观摩、主题论坛、同课异构等形式，借鉴经验，充分集聚资源。实施定时、定点、定员、共同观课活动，教师须填写观课记录表，从教师的位移、助学、指导和学生的音量、站姿、组内角色担当等维度进行动态视导。通过个案研究和工作坊研修，基于"现在时"和"在场感"，共同反思、深描。经过课堂观察，建立"融创+"智慧课堂教学常规和"融创+"智慧课堂教学评估量规。教学中，学校始终关注如何让教育回归生命这一问题，通过各种课堂活动使学生的创造潜能被激发、创新能力得到提升、个性不断张扬。

2. 项目周：项目推进，以赛促培

在学教新样态的精磨阶段，学校定期发布每周工作计划，召开项目团队圆桌会，落实并反馈推进情况，以项目推进的方式完善新课堂。

学历案的设计与评价立足课堂，辅教导学。教学管理中心团队先后三次进行学历案设计培训，全体新入职教师须独立设计学历案，并在组内进行说课研讨。暑期备课组分工合作，在教研组长和备课组长例会中，专题研讨学历案的精准目标、学习的任务情境、不同层次学生的激励措施等课堂实施问题。为了提质增效，学校组织全体教师学习《学历案与深度学习》一书，聆听专家讲座，将学历案内容明确为学习目标、检测评估、课前学习、课中学习、课后学习、学后反思。学历案将教师的教案与学生的学案融合，在呈现学科逻辑的同时也强化了课堂检测功能，有助于提升学生的学习效果。

以评促改，奖惩有度。学校组织学历案评价团队，分年级组讨

论，每周评选"小组合作之星""最佳小组"，并对他们进行表彰。设"雏鹰争章，促进成长"评价体系，该体系通过结合不同年级段学生特点，借助乐课平板对学生进行红花奖励，学生可根据红花数量兑换"自强章""自理章""自愈章"，奖章与推优、入团挂钩。每周一，学校都会在蓝鹰表彰台上表彰获得奖章的学生。学校还通过评选"合作之星""生命达人""最佳小队"等激励学生成长。获得表彰的学生将成为其他学生的好榜样，发挥积极的影响，以感染、鼓舞并带动其他学生学习。

3. 论坛季：头脑风暴，复盘分享

随着课堂改革的不断推进，学校适时组织关于"目标导向""小组合作""学生展示""课堂测评""技术赋能"等方面的主题论坛，寻求"融创+"智慧课堂的样态迭代，以满足日新月异的教学新局面。学校围绕"技术融入最佳时机""学历案与深度学习"等主题开展头脑风暴，广泛征求意见，还结合教学实绩和信息化教学技术（凡龙、网易有道、乐课平板）的实时数据管理与反馈，评选季度优秀教师。优秀教师会在阶段专题研讨会上做智慧分享，进一步提升"融创+"智慧课堂的教学有效性。同时，学校组织大型的"融创+"智慧课堂展示活动，向市、区推广的学教新样态广受好评。

（三）班组两级育人助推系统："融创+"智慧课堂班级文化

1. "三级画像"：德育智能化管理形态

利用智慧教育手段，收集学生在班级及小组中的生活及学习行为，形成"班级画像""小组画像""个体画像"三级信息数据，有助于教师、家长对学生行为进行把握，有助于教师有针对性地为学生提供帮助，实现适性教育，更有助于学生通过"个人画像"认识自己、发现自己。

2. 班组文化：学校多样化生态集体

建设班组文化，通过年级示范课、比赛展示、日常展示、民主评议等方式，全力打造班组文化。学生发展中心主持班组文化项目，促使各班迅速形成独具特色的"六个一"班组文化。每日中午组织学生评议团检查班组文化展示情况，并及时评分；每周根据检查结果，从座位设置、绿植更新、学生展示面貌等多个角度总结展示情况。

（四）"研训"一体的师生学教共同体："融创+"智慧课堂的支撑系统

"人"是改革的核心要素，"融创+"智慧课堂的课堂改革，首先要变革师生观念，思想的高度决定学教方式变革的深度。

其次，学校探索教师研训方式，依托学科工作坊，以项目化学习的方式，为教师搭建多元平台，助推教师专业能力发展。深入实施学校特色项目——教师修炼工程，即"三杯五功"大赛[①]，教师全员参赛，以赛促培，提高教师的课堂驾驭能力。学校还以轮教课为抓手，每周一研，围绕学历案设计、课堂流程、评价等维度进行主题式教研。教师须每周反思，形成"融创丝语"，以"蓝鹰论坛"为展示平台，由优秀课改教师分享观点和教学策略，推动教研。

为了同步增强学生的自主学习能力，学校深入探索了班级管理和学科学习两类小组长培训模式。通过细致规划课前、课中、课末及课后等各环节的角色定位与职责培训，利用日常课堂教学，让教师引导

---

① "三杯"为新秀杯（参赛教师为大学刚毕业的新教师）、青蓝杯（参赛教师为新秀杯入围教师及有中级职称的教师）、精英杯（参赛教师为青蓝杯入围教师）。"五功"为上一节融创课、评一节同伴课、命一套试题（一套含双向细目表期末考试综合模拟试卷）、分享一个教育故事（德育论坛）、制作一段微课视频（在参赛的"融创+"智慧课堂中体现）。

学生逐步转变学习方式。此外，每学期末还举办"励志杯""小老师"大赛，鼓励学生参与并组织观摩，以此作为促进培训效果、推动学生能力进阶的平台。这一系列举措旨在构建一个全面的培训体系，有效提高学生的团队协作能力和问题解决能力。

"融创＋"智慧课堂搭建了促进学生潜能发展的平台，帮助学生在深度体验学习中提升思维、表达、创造与实践能力，实现学会学习与终身发展的目标。同时，"融创＋"智慧课堂也让教师迅速成长，他们凭借先进的教学理念和课堂驾驭能力，在市级和区级的各类课堂展示活动及课题成果评选中获奖。

三、浦沿中学："TOP 课堂"变革

浦沿中学坚信课堂成长对学习力的培养举足轻重，多年来一直探寻在课堂上提高学生学习力的路径，提出了"TOP 课堂"的理念，并付诸实践。

"TOP 课堂"主要架构有三：一是教他人学习（学以致用），要求学生充分开展自主学习，通过连接已有的认知，从而获得对新知的理解。二是项目化学习（学以致用），创造性地使用新获得的知识来解答未知的问题。三是数字化无界学习（智慧学习），引导数字技术进入学校，让虚拟学习成为可能。

在集团化的大背景下，学校以"突破"为要旨，以打造匹配"TOP 课堂"的学习场为目标，努力实现"TOP 课堂学习场"的迭代跃迁。"TOP 课堂"旨在对课堂文化、教学管理、评价体系、学习时空等相关构成要素进行破壁、重构、规整，旨在进一步重塑、完善"TOP 课堂学习场"的系统架构，打造契合"TOP 课堂"各类学习活动的生态学习系统，最终实现学生学习动力、学习毅力、学习能力、

学习创造力、学习转化力这"五力"的学习力生长。

（一）重构课堂文化元素，挖掘场域内涵

1. 精神文化突破：从浅层到深层

学校提出"打造新时代 TOP 新学校"的共同愿景，以爱护每一个学生、尊重每一个学生。"TOP 课堂"学习场突破了精神文化的浅层，通过"TOP 一体化"生态运行机制的文化滋养，帮助学生树立正确的学习观，帮助教师树立正确的育人观。

2. 环境文化突破：从表象到内涵

利用学生温馨墙、星光大道连廊、美丽班级、美丽走廊等积极营造适合学生自主学习、合作交流、自发生长的"TOP 课堂"环境氛围，让"让每面墙都会说话"，"TOP"班级文化、班级公约、班规组规等在班级环境中得以展现。通过自由、开放、赏识、包容的环境文化建设，根植"人人都是班级主人翁"的理念，营造"我的学校我做主""我的班级我做主""我的小组我做主"的文化氛围，让环境文化由"表象"深入"内涵"。

3. 制度文化突破：从单一到系统

坚定学生立场，以制度规范"TOP 课堂"，完善导学策略、课堂流程、班组建设、综合评价、保障体系等，从而实现从单一制度制定到系统化运作的逐步突破和进化。

同时，学校细化了教师课堂教学规范和学生课堂学习规范，进一步规范了独学疑学、候学入学、群学展学、践学固学等环节的具体要求，健全与细化了"TOP 课堂"的制度管理。

4. 关系文化突破：从单方到交互

"TOP 课堂"学习场助推民主、平等、尊重、信任、包容、和谐的师生关系文化，并借此进一步规范教师行为。让教师真正做到五个"不讲"、三个"禁止"，实现两个"转变"。同时，突破师生"单方"行为，关注师生"交互"文化的养成，让动态的"师生互动"替代静态的"师生对话"，真正实现教学相长，最终实现师生关系的和谐共生。

5. 管理文化突破：从他治到自治

注重培养学生的自治能力，借助设立课堂自治管理机构及培训机制，举办"教学小能手"比赛等活动，培养学生的自我管理意识，提升学生的自我管理能力。

（二）深融教学管理载体，优化场域惯习

1. 团队建设突破：从常规化到常态化

"TOP 师训"和"TOP 生训"由"四群四式"的常规培训渐渐走向常态，以学生学习力生长为初衷，立足"TOP 课堂"，合力探索、完善良性循环的师训生训"生态圈"，实现培训学习的"持续化生长"。

2. 学案编制突破：从常规化到精益化

学校将导学案的编制升级为大单元学历案，根据学生学习需求进一步完善，既体现共性，又体现个性，遵循"精而优"的课程设计原则，为学生量身设计沉浸式学习场景，将导学和导教合二为一，精心设计学生学习流程，优化学生的学习方式。

大单元学历案的编制遵循学生的认知规律，以培养学生的学习力为首要目的，将培养学生良好的学习习惯作为重心，以"五备五案"的流程，实现从常规化走向精益化的编制突破。

3. 学教行为突破：从流程化到柔性化

"TOP 课堂"坚持以学生为中心，遵循以学定教的理念实施教学，对学教行为进行突破，从流程化走向柔性化。

教师遵循"前置独学有思考""讨论交流有质疑""展示反馈有创新"三大原则，突破了原有的五个固定流程，根据实际需要实现课程环节的自由流动和自由组合。

4. 课堂作业突破：从单一化到场景化

重新审视课堂作业的功能，去单一化，增场景感，教师既要立足课堂教学，提高教学效率，又不能加重学生的课业负担。教师应通过场景化运用、沉浸式体验，设计出既让学生喜爱又有效的作业，使教学真正做到润物细无声。

（三）规整评价体系路径，丰富场域厚度

"TOP 评价体系"秉承"归真"的校训，突破了原有评价的普适化、圈层化、数据化。

1. T（Together）共通：从圈层化到一体化

"TOP 评价体系"以"TOP 币"作为一般评价物，以五类素养评价为基础，打破原有的"TOP 党建""TOP 德育""TOP 课堂""TOP 家校"等各自评价的圈层化，着眼探索德智体美劳全要素一体化的过程性评价办法。

2. O（Objective）客观：从数据化到智能化

浦沿中学积极推进以学习者为核心的智能化教学支撑体系建设，将 AI 技术运用于教学流程的每个环节，旨在赋予教学评价更高的科学性、准确性与即时性。通过深度融合教育硬件与前沿软件，我们成功构建了"AI+ 教育"的创新生态，实现了教学环境的智能化飞跃。此进程分为三大关键步骤：首先，我们率先在校内部署了智能数据采集系统，确保数据的全面性与自主性；其次，实现了智能技术对各类作业与习题作答数据的全面覆盖，为个性化教学提供坚实的数据基础；最后，致力于构建基于大数据的个性化学习闭环，力求让每个学生都

能在最适合自己的学习路径上茁壮成长。这一系列举措不仅优化了学生的学习体验，还极大地提升了教师的教学效能与学生的学习成效。

3. P（Practical）归真：从普适化到适性化

遵循教育发展规律和个体成长规律，结合学校特色，打造适合本校师生的评价体系，突破评价的普适化，注重探索基于不同学习风格、学习需求、学习层次、学习环节的适性化评价。学校开展精准教学，实时了解学生的过程性学情，用好数据，实现学习问题的即时诊断，并跟踪作业进展以确保数字效果。同时，学校还通过课堂巡和课堂展等，以课堂评价智慧平台为路径支撑，实现"TOP课堂"的即时诊断及靶向提升，实现跟踪诊断的常态化。

（四）打破学习时空壁垒，创新场域融合

1. 时间空间跃迁式：从数字学习到泛在学习

学校积极打造 2.0 版的 STEAM 创客空间，创造主动式、协同式、研究式的智慧学习环境，探索师生互动的新型课堂教学模式并进行相应实践。同时，还探索"TOP课堂"和基于"课前导学—课堂互动—课后拓展"的无界课堂的应用模式。实现了由数字学习到泛在学习的时空跃迁，真正做到了随时、随地、随设备的"三随"学习。

2. 现实虚拟交互式：从一维到多维

通过构建虚实融合的学习场域，浦沿中学精心打造了一系列综合空间，这些空间不仅集成了智力资源、实用工具、前沿技术与社会性互动等多元要素，依托高度信息化平台支撑课程设计的创新，丰富了项目化学习的实践与体验。除了秉承"开源、共享"的核心理念，浦沿中学更致力于将这些空间打造成为能够促进学生进行"基于创造的学习"的沃土。在此基础上，不断探索前瞻性的 STEAM 创客教育模式，实现多学科的深度融合与课堂创新，同时进一步拓宽人工智能领域的教学内容，以期孵化出更多具有创新精神和创业能力的"双创"成果。

3. 学科交融全域式：从一元到多元

突破学科界限，架构多元课堂，基于学生学情和学习储备，学校为"语言与人文""数学与科技""创新与实践"等课程群开发学习场景，积极利用长短课、大小课等灵活的课时，探索具有一定可选性、开放性、交互性的全域式课堂学习场。

第七章

PDS 互培行动：
用教师质量推动学校发展

一个学校想要发展，就必须打造精干的师资团队，而且整个团队必须要有强大的战斗力。

第一节　教师专业发展学校的概念界定

教师专业发展学校（PDS），是一种教师教育模式，旨在通过大学与中小学的合作，为教师提供持续发展的机会，提高教师的教育教学质量。它将职前教师培养、在职教师进修和学校变革融为一体，并使中小学校与大学结成伙伴同盟。教师专业发展学校以公立中小学作为教育现场，为教师的继续教育和持续学习提供支撑，促使中小学教师、学校管理者与大学教师在伙伴学校中协同工作，基于研究和体验开展实践，并将研究成果应用于实践，令大学、中小学、教师、学生皆能从合作中获益。

竺可桢学校教育集团因为前期有与浙江大学教育学院密切合作的基础，因此在积极尝试搭建教师支持系统的过程中融入教师专业发展学校的相关要素，最终构建了"研训一体，双研育师"的教师培训模式。

所谓"研训一体"，指将"研"与"训"这两个过程深度融合，进一步推进教学、教研和师训三项工作的统筹发展。在集团内部，我们把教师培训中的集中培训观摩、实践展示、研讨交流、反思评价等环节相互整合，塑造出一种省时高效、多元一体的教师培训模式。

所谓"双研育师"，指将"教研"和"科研"相结合以培养教师的新教师培训模式。从理论上讲，教师的"教研"和"科研"其实应该是一件事，因为教师的教研，原本就内含科研之意；而如果科研离开教学，就很难说是教师的科研。但是，在一个学校里，教研和科研又常常被分为两项不同的工作，由两个不同的部门来组织和管理。集团坚持做教育科研的孵化园，强调教研和科研协同滋养并引领教师专业发展，走出了一条"双研育师"的校本化之路。

第二节　教师专业发展学校的功能建设

一、以引领种子和骨干教师成长为契机，优化教师培养机制

种子和骨干教师规范化培训实现了集团各校教师之间的联动交流，盘活了集团内的优质教育资源。

二、探索培训形式多样化

培训内容的模块化、培训课程的丰富性、学员需求的差异性等都要求教师专业发展学校不断探索培训形式，通过开展征文活动、演讲活动，组织教学设计比赛，运用信息技术进行微课研究等方式丰富培训形式。

三、以促进教师团队发展为契机，创新校本研修模式

推进教学、教研和师训三项工作的统筹发展。打破教研、科研和师训负责部门分头设立、独立运作的常规模式，探索出校本研修组织管理新机制。

四、增加过程性评价

在评价机制上，为更好地为教师发展提供科学依据与专业支持，教师专业发展学校除了对教师的履职情况、考核课表现、获奖经历等做出总结性评价，还增加了针对教师日常教育教学实践的过程性评价。

五、以教师培养经验转化为契机，精研教师实践课程

将一场场研修活动转化成有目的、有计划、有组织的教师研修课程。校本研修课程的开发不仅有效提升了教师自身的教育研究与实践能力，还助力学校打造自身的校本研修特色。

六、基于教师发展实际需求，有意识培养教师的课程开发意识

课程的选题要基于学校和教师的发展现状与需求，以解决教师教育教学的实际问题。同时课程的开发要求学校和教师树立课程开发意识。在参与校本研修课程开发的过程中，教师应及时将自身的教育教学专长与教育经验提炼、固化，形成具体的微课、讲座或研讨内容。

第三节　教师专业发展学校的特点概况

一、教师研修已从标准导向走向需求导向

（一）关注教师发展需求与个人特长

教师专业发展学校尽力全面地关注和了解全校教师的各项专业发

展需求，如学生行为观察与分析、家校沟通、家庭教育指导、教育科研、课堂教学设计与实施等，并对教师的擅长领域、技能和特长有所掌握。集团要基于教师的各项专业发展需求，以名师工作室、教师工作坊、同伴互助学习圈、教师兴趣小组等形式为依托，以分布式领导理念为指引，构建教师自主发展共同体，引导全体教师自发组建、自主参与。

（二）统整各类教师教育资源

为更好地满足教师专业发展需求，集团各校的教师专业发展学校应充分利用集团内其他学校的教师与专家资源、家长与社会资源作为教师教育资源。学校可结合本校实际情况，引导教师、家长和社区组建学习共同体，策划组织"家长学校""家长沙龙""家长讲堂"等系列活动。

二、研修体系已从全面统一走向科学分层

（一）增强教师分层标准的科学性

教师专业发展学校可以尝试结合教龄、职称、岗位等外在因素，以及教师个人发展状态、专业特长等内在因素，建立符合教师教学实际的教师分层培养标准，提升教师分层标准的科学性和可操作性。依据科学的分层标准，建构一套教师培养目标体系，该体系既能兼顾师德与专业知识等方面的共性要求，又在专业知识与专业能力等方面设计逐级提高的分层目标。

（二）提升分层研修内容的层级递进性

不同层次教师的专业需求不同，因此根据教师的教学情况研修内容也要做出相应调整，研修内容具备递进性和系统性。首先，对各层次教师研修内容进行共性与个性的划分。其次，依据不同层次教师的

需求设计培养内容。

三、研修成果已从点状走向体系化

1. 构建"基础＋特色＋专项"的校本课程体系

集团加强对成熟教师，尤其是骨干教师的课程开发和实施能力的培养，指导教师从立德树人根本任务出发，以学生为中心，构建"基础＋特色＋专项"的校本课程体系。

2. 做好课程脉络与框架结构的顶层设计

集团各校做好课程脉络与框架结构的顶层设计，并组织教师在此基础上架构内容。

第四节　基于教师专业发展学校的校本实践

好的理念设计，需要有好的实施路径去落实。竺可桢学校教育集团在做学校发展的顶层设计时，努力实现理念与路径的一体化设计。在教师专业发展学校项目中，专家团队注重为教师发展提供多元的资源与平台，选择不同类型的指导教师、不同形式的成长渠道，加快促进教师专业发展。集团的各学校所采取的教师发展路径既有着统一的理念，也同时体现着各自学校的教师文化特色。

"双研路径"的实践具体展现在以下五点。

一是"影子计划"，基于新型学徒制的体验式成长。

为促进新入职教师的专业成长，为每位教师专业生涯的可持续发展奠定良好的基础，为构建富有集团特色的教师专业学习共同体，打造有教育理想、有专业特长、有研究意识、有反思性实践能力的新型教师队伍，集团为新教师设计了"影子计划"，而且为"影子计划"实施提供了非常丰富的资源。"影子计划"的培训研修包含七大模块（见表 35）。

表 35　"影子计划"的七个研修模块

序号	模块内容	内容组织	评价要求
模块 1	"影子计划" 1.0	学科导向：以各学科为基础，确保培训内容的专业性和针对性 导师配比：实践导师与学员按 1∶2 比例配置，为每个学员配备专业导师 全面观摩：学员要主动跟随导师，全面观摩其课堂教学、班主任工作、合作教研、社团活动、日常备课及教学反思等各个环节	参与度：评估教师参与观摩的积极性和深度，了解教师是否有主动提问、记录及反思的行为 学习成效：了解教师通过观摩在教学方法、班级管理、教研合作等方面的收获与成长 反馈与互动：评价教师与实践导师之间的互动情况，包括提问质量、讨论深度及导师反馈的接受程度 实践应用：鼓励教师将观摩所学应用于实际教学中，评估其教学改进和创新情况
模块 2	学校办学理念	从多个角度，系统了解学校的办学理念、核心价值、发展愿景和基本路径等，逐渐培育学校的价值认同、理念认同、愿景认同和路径认同，不断积淀生成凝心聚力、协同创新的学校变革文化	每位教师要撰写一篇不少于 1500 字的研修心得。研修心得可以是对其中一个主题的深度研析，也可以是对整个模块的学习心得。专家组在心得提交后一周内，按照一对一的方式，对研修心得进行点评，并根据需要安排面对面交流

（续表）

序号	模块内容	内容组织	评价要求
模块3	教师生涯发展	初步建立教师专业生涯意识、伦理意识、研究意识和自我规划意识，能够运用积极心理学的理论与方法构建基于"幸福"的教师发展观，能够恰当使用 SWOT 分析法为自己研制个性化的专业发展规划	以专题工作坊的形式开展，教师进行分组，每组选择一个主题，阐释生涯发展视角下的自我发展规划与设想。各组安排一名记录员，将研讨情况整理后，发到校网平台共享。每位教师须借助 SWOT 分析自身情况，制订个性化的专业发展规划。浙江大学专家组成员，每人至少认领一份专业发展规划，在精心修改后，与撰写该规划的新教师进行一对一的深度交流
模块4	"影子计划" 2.0	以浸润的方式全方位融入学校日常教育教学实践，自觉将前两个模块的理论学习心得与学校改革实践相融合。在参与式观察中逐步明确课堂教学、班级建设、社团活动、综合实践活动等各个领域的育人价值、工作方式；在导师指导下，初步体验备课、说课、模拟上课、评课的全过程，并初步学会对教学设计和实施过程进行反思重建	教师在实践导师指导之下，尝试进行观课、磨课、备课、说课、模拟讲课、评课……每位教师要撰写不少于800字的模拟课堂的教学反思，并交实践导师审核评价；实践导师应该为每位教师撰写不少于500字的评价意见
模块5	教学专业素养	发展教师课堂教学、班级建设和班级管理的专业素养，初步了解国际教学设计领域的最先进研究成果，了解"互联网＋"对学校教育教学工作带来的机遇和挑战。能够初步建构"四课"意识和能力，学会以更专业的方式来进行课堂观察，能够初步掌握利用线上线下资源进行混合式学习的方法和策略	设计一份教学设计方案（包括详细的教材分析、学情分析、目标分析和流程设计）。初步掌握"四课"能力要求，能够按照"四课"的要求自觉提高教学专业素养。撰写一份班主任工作计划（详案）。撰写一份观摩名师示范的感悟，抓住核心问题及对自己触动最深的问题来写（500—800字）

（续表）

序号	模块内容	内容组织	评价要求
模块6	"影子计划" 3.0	学校为每位教师安排"影子计划"目标学校。由校长负责协调，按照实践导师与新教师1:2的比例，为每位教师选配实践导师。新教师努力做实践教师的"影子"，全方位观摩其在教学实践、班级管理、团队协作和教学反思等环节的方法和策略	在理论导师和实践导师的协同指导之下，每位教师要完成至少一次试讲，完成一次主题班队会的策划与主持。跟岗结束后，实践导师要为每位教师撰写不少于500字的评价意见
模块7	分享交流与反思评价	形成对课程标准、学科知识结构和教材结构的系统化、精深化认识，依托双向细目表对知识点进行深度加工；系统总结6周的培训成果，通过生涯发展规划的分享交流，促进教师个体的内在专业自觉，增进相互了解与互相启发；以一对一的深度交流，促进教师专业发展规划的内化和再清晰化	教师进行成果展示，在专家的指导下，对自己原来的成果进行修改，并最终提交迭代后的方案

二是"四题能力"，锻造新型教师硬核基本功。

培养教师选题、改题、释题、命题能力，是打造教师核心基本功的关键。命题是教师基本功的重要组成部分，关系到教学评价的准确度，关系到常规作业的有效度、学生思维训练的得当度。一份试卷是否科学有效，与教师对课标和教材的理解与把握、对学情的研究等相关。

为提高教师试题命制能力，学校采取比较研究与合作研究相结合、专题培训与命题比赛相结合的策略，实行"选—改—创—释"自主命题能力提升四步骤，推动教师命题能力的提升（见表36）。

表36 "四题能力"提升的内容设计

序　号	具　体　内　容
步骤一	通过比较研究，提高试题选择能力
步骤二	通过合作研修，增强试题改编能力
步骤三	通过专题培训，丰富评价设计知识
步骤四	通过命题比赛，提高评价设计水平

三是"新双五基本功"，价值引领，助力研修。

集团为教师量身定制了"新双五基本功"课程，让每一位教师都自觉修炼，紧跟时代前沿，适应技术革新时代的新教育潮流与新角色使命。"新双五基本功"，即人文关怀与倾听能力、技术融入与驾驭能力、资源集聚与转化能力、国际理解与沟通能力、生命自觉与更新能力。

四是"十项修炼"，专业素养在创新平台上绽放。

课题研究作为教师教育教学能力提升的坚实阶梯与校本教研的核心载体，其重要性不言而喻。它根植于教师日常教学实践的深厚土壤，聚焦于真实教学问题的破解。集团积极作为，通过三大策略，为教师的专业发展铺设了一条科研滋养之路。

首先，强化理念引领，促进科研思维转型。集团从源头抓起，通过系统的理念培训，引导教师将教学研究方向转向更加科学、专业的轨道，让教学研究成为教师职业成长的内在动力。

其次，实施大课题牵引战略，激发群体智慧。集团鼓励并支持各管理部门申报高级别课题，校级领导更是以身作则，实现"一人一课题"的引领效应。这一策略不仅营造了浓厚的科研氛围，还促使集团各校教师围绕学校大课题，自主选定研究方向，开展多元化、深层次的校本研究，为集团各校的发展注入了不竭的创新活力。

最后，深耕小课题研究，推动校本教研精细化。小课题紧贴大课题框架，聚焦教师日常教学与管理中的细微却关键的问题，鼓励教师成为研究主体，主动探索并发现教学规律，用以指导实践，从而实现教学质量的螺旋式上升。集团精心指导，帮助教师明确研究路径，树立"科研兴教"的理念，遵循"问题导向、策略探寻、实践验证、成果共享"的研究逻辑，促使教师在思考中深化理解，在研究中提升能力，最终实现专业能力的飞跃。

五是团队协同，专业学习共同体校本教研模式。

集团为教师搭建平台，成立教学、科研、德育工作坊，充分发挥名师、优师示范引领作用，帮助教师在教育教学实践中长善救失，博采众长。

一、竺可桢学校：提升教师精准小组合作教学能力

竺可桢学校围绕如何提升教师精准小组合作教学能力这一课题，精心设计并实施了一系列研修活动。通过集思广益，有的放矢地制订研修方案，学校从备课、上课、作业和评价四个关键环节入手，全面构建小组合作教学模式。通过专家讲座、案例分析、同课异构、教学评比等多种形式，教师不仅掌握了小组合作教学的核心技能，还在实践中不断反思，推动学校教学质量迈上新台阶。

（一）师训方案研究与制订

竺可桢学校初创之际，以"求是优课"为引领，聚焦精准小组合作教学能力的提升。校长团队携手备课组长，确立培训重点。随后由

高校教授的讲座启航，指明教改路径。最后"金点子"汇聚智慧，校本研修方案应运而生，为学校教学改革奠定坚实基础。

1. 方向引领：教师精准小组合作教学能力讲座

在竺可桢学校成立的第一年，各项工作的开展都在摸索中前进。开学初，在校长团队和各备课组长的研讨下，确定学校的教学改革亮点为以"求是优课"为主题的教师精准小组合作教学，教师培训的重点也落在此处（见图73）。而学校大部分教师来自不同的学校，上课方式也有所不同。为了建立新的教学体系，军训期间，在刘莉莉老师的组织下，全校教师参加了由学校教学管理中心刘云主任主讲的"教师精准小组合作教学能力"讲座，以熟悉学校未来教改方向与基本流程。

图 73　教师精准小组合作教学能力讲座

2. 集思广益：教师精准小组合作以提升教学能力的"金点子"建议征集

在了解课堂改革的基本理念、流程后，全体教师进行了简单的交流，由李景友、司西惠、沈霖菲等教师先介绍自身经历及对小组合作的观点，再由其他教师提出疑问或建议，最终汇总大家的"金点子"，敲定校本研修特色——教师精准小组合作以提升教学能力。

3. 有的放矢：2023 学年教师精准小组合作教学校本研修方案制订

由教学管理部刘莉莉老师牵头，师训管理员许晓蕾老师执笔，学校公布了 2023 学年精准小组合作教学校本研修方案：《提升教师精准小组合作教学能力专题研究》，该方案获评 2022 学年滨江区中小学、幼儿园优秀校（园）本研修项目书，具体研修计划如表 37 所示。

表 37　提升教师精准小组合作教学能力专题研修计划表

研修模块	研　修　课　程	面向群体	实施途径	形式	研修师资	实施日期
校本方案制订	教师精准小组合作教学核心能力讲座	全体教师	线下	专题讲座	刘云	2022 年 10 月
	教师精准小组合作以提升教学能力的"金点子"建议征集	全体教师	线上线下	在线研讨案例分析	刘莉莉	2022 年 10 月
	2023 学年精准小组合作教学校本研修方案制订	全体教师	线下	课题研讨	刘莉莉	2022 年 10 月
小组合作模式备课	新课标引领下的小组合作学习模式备课体系的构建	全体教师	线下	专题讲座	沈霖菲	2022 年 10 月
	对新课标政策文件的学习、思考	全体教师	线下	观点报告	欧自黎	2023 年 3 月
	基于新课标理念下的教师读书分享会	全体教师	线下	专题讲座	来坤 胡洁 李景友	2023 年 3 月
	基于新课标理念小组合作模式下的教学设计评比	全体教师	线下	教学比赛	备课组长	2023 年 3 月

研修 模块	研　修　课　程	面向群体	实施 途径	形式	研修 师资	实施 日期
小组合作模式上课	基于新课标理念小组合作学习的教学设计案例评析讲座	全体教师	线下	专题讲座	相关高校专家	2023 年4 月
	区内兄弟学校参观交流（基于新课标下的小组合作教学参观交流，同课异构）	部分骨干教师	线下	参观考察	欧自黎	2023 年4 月
	基于新课标理念小组合作学习的教学设计案例修改与分享会	全体教师	线上线下	技能学练案例分析	备课组长	2023 年4 月
小组合作模式作业	基于新课标小组合作模式下的有效作业设计学科分享会	全体教师	线下	读书分享	林銮金沈霖菲	2023 年2 月
	基于新课标小组合作模式下的有效作业设计策略研讨会	全体教师	线下	案例分析	备课组长	2023 年5 月
	基于新课标小组合作模式下的优质作业设计的课堂教学	全体教师	线下	听课评课	备课组长	2023 年5 月
小组合作模式评价	新课标引领下小组合作学习评价机制创新专家讲座	部分骨干教师	线下	专题讲座	相关专家	2023 年5 月
	新课标引领下小组合作学习有效评价的案例分析	部分骨干教师	线下	案例分析	刘莉莉	2023 年5 月
	基于评价创新的表现性评价量表设计比赛	部分骨干教师	线下	技能学练	刘莉莉	2023 年5 月

以上研修方案紧紧围绕"提升教师精准小组合作教学能力"的主题，从"小组合作模式备课""小组合作模式上课""小组合作模式作业""小组合作模式评价"四个方面展开，通过系列活动实施，搭建框架（见图 74）。

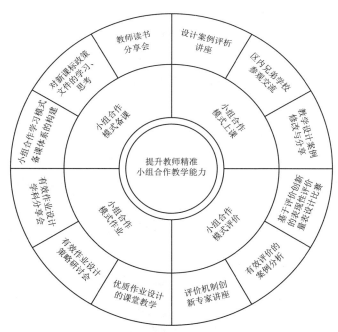

图 74　提升教师精准小组合作教学能力的四个方面

（二）师训方案实施与操作

1. 小组合作模式备课

（1）新课标引领下的小组合作学习模式备课体系的构建

尽管目前学校教师较少，备课组也较少，但学校仍然要求建立常态化的备课体系，每周一下午第三节课固定为备课组长会议。备课组长每周固定时间召开备课组会议，传达会议精神，做好备课探讨、学历案设计、作业布置、进度统筹、学科活动安排等备课常规行为，并将重点放在"小组合作学习模式"的执行和推进，努力构建相对完善的小组合作学习模式备课体系。

（2）对新课标政策文件的学习、思考

由教学管理部牵头，搜集教育教学最新动态相关的政策、文件资料、书籍等，帮助教师把握课改方向。

（3）基于新课标理念下的教师读书分享会

在自主研习了新课标政策文件后，每月定期组织全体教师开展读书分享会（见图75）。《学科作业体系设计指引》《让学生创造着长大——2022年版义务教育课程方案和课程标准核心理念解析》等都是教师的共读书目。

图75 教师读书分享会

（4）基于新课标理念小组合作模式下的教学设计评比

以"新课标理念下的小组合作模式"为主题，展开教学设计的评比活动，提升教师进行教学设计的能力。

2. 小组合作模式上课

（1）基于新课标理念小组合作学习的教学设计案例评析讲座

邀请专家对教学设计评比中的教学设计进行点评和指导，专门举办一次教学设计案例评析讲座，帮助教师明确高质量的教学设计该如何进行，提升教师个人素养。

（2）区内兄弟学校参观交流

与区内兄弟学校达成共识，对他们的课堂进行观摩，各学科派出一位教师和对方学校进行同课异构活动，检验教学设计的可行性，共同探讨新课标下的小组合作教学的开展方法。

（3）基于新课标理念小组合作学习的教学设计案例修改与分享会

在同课异构活动之后，针对真实课堂中发现的问题，教师对之前撰写的教学设计进行修改完善，学校举行修改与分享会，让教师分享在修改过程中的心得体会。

3. 小组合作模式作业

（1）基于新课标小组合作模式下的有效作业设计学科分享会

举行基于新课标小组合作模式下的有效作业设计学科分享会，教师往往会结合小组内的文献阅读与调研，结合个人的学科方向，向全体教师展示自己的作业设计成果与实践心得。

（2）基于新课标小组合作模式下的有效作业设计策略研讨会

每位教师自主尝试设计创新作业，并进行实践，撰写教学心得。学校会召开有效作业设计策略研讨会，让教师分享各自的成果及尝试过程中的经验，提炼出作业设计的有效策略。

（3）基于新课标小组合作模式下的优质作业设计的课堂教学

每学期开展一次全体教师的"求是优课"赛课活动，并开展基于新课标小组合作模式下的优质作业设计为导向和主题的教学活动。

图 76　小组合作模式作业的实践

4. 小组合作模式评价

（1）新课标引领下小组合作学习评价机制创新专家讲座

邀请专家，举办"新课标引领下小组合作学习评价机制创新"讲座，学校教师针对课堂评价机制展开理论、政策学习，阅读《中小学表现性评价的理论与技术》等理论书籍。专家讲座结束后，给予教师一定时间，进行教学设计的评价部分的修改和实践，帮助教师形成心得和经验总结。

（2）新课标引领下小组合作学习有效评价的案例分析

开展小组合作有效评价案例分析会，教师对自己在评价方面展开的实践进行分享，再分文科、理科小组开展讨论交流，组员之间相互帮助修改，最终形成完整的案例。

（3）基于评价创新的表现性评价量表设计比赛

举办基于评价创新的表现性评价量表设计比赛，以赛促教，将评价落实到位。设计比赛后，再运用到实际教学中，考察科学评价方式下学生的增量。

二、滨文中学：研究型教师团队的校本成长

滨文中学的教师专业发展学校，从机制引领、价值引领和实践示范引领这三个维度出发，凭借"三坊联动"的常态研训、"新双五基本功"的课程设计、"十项修炼"以赛促培的实践策略，推进集团内部的合作实践，形成了一条"三校共育、三坊联动、项目推进、五力提升"的"双研育师"路径，旨在引领教师于研究性变革实践中成长为研究型教师，在浸入式研修中转变为创新理念的行动者，进而打造出可持续发展的典范样态。

（一）机制引领："三坊联动"常态研训

为打造有教育理想、有专业特长、有研究意识、有反思性实践能力的新型教师队伍，院校共研，制订了"三坊联动"常态研训机制。

1. 研训目标

（1）培育一支专业化的教师团队

将"科技品质、探究导向、生本特色、潜能展台"的学校文化转化为教师普遍认同的价值观，并呈现在教育教学实践中；培养教师合作研究和自主反思的意识和能力，提升团队核心竞争力。

（2）打造一个支撑教师持续发展的校本研修平台

依托专家团队与学校教师团队的深度合作，构建校本研修的专业平台，提升教师团队的"四题"能力和自主从事学科教学研究的意识和能力。

（3）凝练一批可持续深化的研究课题

从教师的专业实践中逐渐凝练生成一批可持续深化的研究课题。

（4）构建一套校本化的教师专业成长机制

以教师成长工作坊为依托，培养教师"五力"，即"课题研究力""课程开发力""课堂驾驭力""班级管理力"和"评价设计力"。

2. 研修内容："三坊联动"，"五力"提升

滨文中学精心构建了科研、德育、学科三大工作坊，全面开启"五力"模块培训计划。这一研修体系采用多元化策略，涵盖专家讲座、日常研修、蓝鹰讲坛、教师沙龙及智享阅读分享会等多重形式，确保每位教师都能在深度交流中不断成长。

每一模块均配备专业团队领航，确保每月至少一场权威专家讲座，为教师输送前沿知识与先进理念。讲座之余，各工作坊自主开展常态化研修活动，每半月一次的教师沙龙促进了教师间的思想碰撞与经验交流；每月一次的蓝鹰讲坛则为教师搭建了展示自我、深化研究的平台。在此过程中，智享阅读分享会贯穿整个研修旅程，激发了教师的阅读热情，拓宽了专业视野。

整个研修流程以精准的前置调研为基础，确保培训内容紧贴教师实际需求。同时，研修结束后进行及时的反馈调查，评估培训效果，为后续培训的方向与内容优化提供坚实依据，从而推动教师专业能力的持续提升与深化。研修内容体系如图77所示。

（二）价值引领："新双五基本功"课程

滨文中学的"新双五基本功"课程旨在全面提升教师素养，强化技术运用，优化资源整合，促进国际视野的拓宽，激发教师专业成长的生命力，打造高效、生动、国际化的现代课堂。

1. 课程目标

通过人文关怀与倾听能力研培，树立教师"以人为本""以学生为主体"的现代教育理念，关注学生生命的成长，让课堂焕发生命活力。

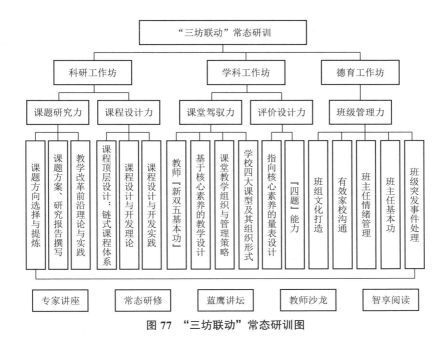

图77　"三坊联动"常态研训图

　　通过技术融入与驾驭能力研培，培养教师将现代化教育技术融入课堂教学，获取、分析、处理、应用信息，以及通过网络媒体、通信技术进行自主学习，寻找和教学实际问题相对应的鲜活案例、资源，帮助教师更好地驾驭服务课堂教学能力。

　　通过资源集聚与转化能力研培，培养教师善于整合资源且能够发现、汇聚、提炼这些资源背后潜藏的教育教学价值的能力，并内化资源使之为己所用，不断转化、开发、创生，通过多元路径提升教师资源集聚转化力，提效课堂。

　　通过国际理解与沟通能力研培，提升教师国际理解教育校本课程的开发与设计能力，充分挖掘、科学整合现有学科课程和教材中能够作为国际理解教育载体的内容，注重不同学科教学中国际理解教育渗透方法的探索与实践。

通过生命自觉与更新能力研培，让专业发展成为教师自觉，让教师主动且有能力践行"生命自觉"的理念。"明自我"即对自己有清晰的规划；"明学生"即尊重、理解学生；"明环境"即能应对各种教育环境，以及拥有主动设计自我、完善自我、突破自我、更新自我、超越自我的能力。

2. 课程实施

课程采取讲座培训、论坛分享、工作坊常态研修、课堂观察等多样化的方式，从课堂观察结果、专家评测、自我反思、学生反馈中检验五项基本功培训的实际效果。

（1）理论培，内化悟，论坛分享

首先，专家团队开展围绕"新双五基本功"的专题讲座，全体教师参与培训；其次，以学科组为单位，分阶进行线下主题式教研，完成相应专题探究成果；最后，培训全部结束后，在全校范围内组织本专题专项教师论坛，进行培训与研讨成果输出与分享。成果包括人文关怀与倾听能力相对应的师德典型事迹、技术融入与驾驭能力相对应的典型示范课或教学设计、本学科体现资源集聚与转换能力的导学案、国际理解与沟通能力的实践体验学习感悟、生命自觉与更新能力相对应的教师自身三年发展规划等。

（2）群研教，立课堂，互助成长

① 三坊研修

充分发挥学校德育、学科、科研三大工作坊的功能，有计划、分阶段进行常态教研，打造基于教育教学实际问题的主题式研修。创新研修方式，组织跨学科研修和跨学校研修，线上线下、课内课外混合式研修。

② 课堂观察

实施细化的持续性课堂观察活动。调动教研组长、骨干教师，在学校层面实行全覆盖的课堂观察活动。巡课教师观察并记录该堂课学生活动是否充分、教师在教学设计与课堂过程中回应的方式、教学资源的收集与使用、新技术的融入、学生课后反馈等，形成观察记录，并及时反馈给对应的教师。在课堂观察持续过程中，巡课教师对存在的问题进行及时反馈，授课教师及时调整，形成教师的成长过程记录、反思记录。

（三）示范引领，"十项修炼"以赛促培

基于"新双五基本功"课程，专家团队设计赛培方案，学校打造具有示范引领作用的"十项修炼"以赛促培活动（见图78），包括强基固本——"十项修炼工程"之"三杯五功"和蓝鹰讲坛。

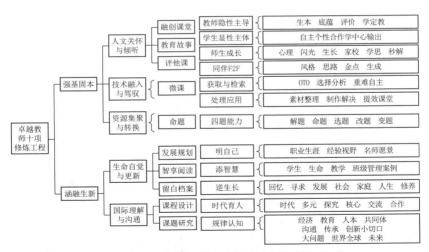

图78 基于"新双五基本功"的"十项修炼工程"

1. 强基固本——"十项修炼工程"之"三杯五功"

学校开展全员教师（除高级教师外）参与的"三杯五功"教学技能赛培活动（见图79）。"三杯"为新秀杯（参赛教师为刚大学毕业新教师）、青蓝杯（新秀杯入围教师及中级职称教师）、精英杯（青蓝杯入围教师）；"五功"为上一节融创课、评一节同伴课、命一套试题（双向细目表＋一套期末考试综合模拟试卷）、分享一个教育故事（德育论坛）、制作一段微课视频（在参赛的融创课中体现）。

"三杯五功"活动创造切磋、启发、交流、碰撞的平等开放的对话环境，唤醒教师，让教师成为智慧的对话者，让教师与专家、同伴、课标、教材、学生对话，在对话中实现教师的教学能力、研究能力、解题备课能力、反思能力等学科核心素养的全面淬炼和提升（见图80）。

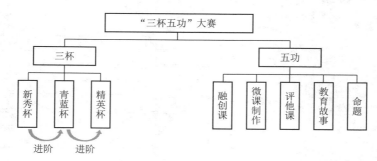

图79 "三杯五功"大赛流程图

图80 "三杯五功"大赛现场掠影

（1）"融创＋"智慧课堂

围绕学校"融创＋"智慧课堂的实践，围绕"生为本、学中心、输出为目的"的人文关怀教育理念，教师在课堂中根据生本、人格修养、学识底蕴、评价方法，通过以学定教等理念，从学生的角度设计教学行为，让学生在课堂中能够感受到师爱与智慧的阳光，让课堂焕发出生命的活力（见图 81）。

图 81　"融创＋"智慧课堂现场掠影

（2）教育故事

教师讲述平时工作中比较典型的故事，并能够结合"生本""学中心""爱"等相关理念，分析故事背后的现象并提出解决方法。帮助教师像教育名家一样思考，使他们提出的解决方法实用、有效、可鉴，提高教师在师生心理、学习生活、家校融合、班级管理方面解决问题的能力（见图 82）。

图 82　教育故事现场掠影

（3）评他课

　　教师课堂教学技能的提升，是由"从教到学"的面对面互动与评价开始。培养教师用包容、尊重、虚心、坚持的心态，去听评同伴、名师的课堂。从教学目标表述、课堂调控、组织教学、重难点解决、教学机智中评教师专业基本功，从学生精神状态、课堂活动参与、课堂自信表达、思维激发、互动生成、教学氛围、落地解决策略等评学生、学情。在与同伴面对面的听评课中，教师可以习得不同教法、风格、思路、教学金点子，生成属于自己的教学风格（见图83）。

图83　评他课现场掠影

（4）微课

　　发挥信息技术服务于课堂教学、服务于学生的功能。培训教师能够针对学习中典型且有代表性的问题进行微课设计，以解决教与学中的重点、难点、疑点、考点。制作微课时构思须新颖，展示类型须多样，且须灵活运用手机、DV摄像机、手写板、电子白板、平板电脑、PPT、录频软件等微课制作硬件及软件工具，使微课符合学生认知规律，突出学习重点，让学习主线清晰易懂。这样有利于提升学生学习的积极性和主动性，提效课堂。

图84 微课截图及微课比赛荣誉证书

（5）命题

针对教师的必修基本功——命题能力，开展命题大赛。要求教师不仅能在众多题源中娴熟解题，且能在其中选题、改题、变题，最后能自己命题。以多元路径提升教师资源集聚转化力，提效课堂。实现有底蕴的积累、转化和创生。

图85 命题比赛掠影

2. 涵融生新——"十项修炼工程"之蓝鹰讲坛

蓝鹰讲坛围绕教师个人专业发展规划（三年为期，每学期一设计一总结），留白档案（公开课教案或案例、教学反思或随记、教学论文或总结、学习培训体会或学习摘录、学生作业或优秀作品、听课记录及评课意见），课题研究（课题申报方案或结题报告），课程开发（学期末校本课程实施特色），智享阅读（学期初对上一学期和假期智慧阅读分享）这五项展开。其中教师个人专业发展规划通过蓝鹰论坛赛培活动，促使教师与教育观念、教育理论、课堂教学实践、教育研究、现代信息技术应用等内容进行深度对话。

（1）发展规划

通过教师专业发展规划项目，督促教师对自己的职业生涯进行规划，知道自己的特长、适合做什么、如何去做，自觉化解困惑和困境，坚持不懈地实践下去。教师须进一步明确自身近期、远期、年度的学习、工作、教学、专业方向、发展愿景及定位，且能够制订科学、明确、细化、可实现的具体实施措施，以期在各个时间节点，以合适的成长路径，达成规划愿景。

语文组工作坊发展规划

一、工作目标

以学校"F2F教师成长工作坊"的成立为契机，组内形成"学习共同体"，营造浓厚的教学研究氛围，提高青年教师的学科素养，提升教学专业发展能力。

二、工作安排

表38　工作坊安排

时　间	活　动　安　排
2020年1月	工作坊启动会议
2020年2月	1. 智享阅读：在以下书目中选择一本细读，并撰写读书笔记（2000字左右） 书目：《"浙江省中小学学科教学建议"案例解读（2018版）》《初中语文教学指导——统编教材怎么教（理论篇）》《语文命题技术研究》 《初中语文教学指导——统编教材怎么教（实践篇）》 《作文课的味道——听黄厚江讲作文》

（续表）

时　间	活　动　安　排
2020 年 2 月	2. 通读教材，包括"阅读""写作""综合性学习""名著导读""课外古诗词诵读"等内容，吃透教材 3. 研读教学指导用书，关注"教学重点""课文研读""素养提升""问题探究""教学建议""资料链接"等板块 4. 拟好新学期导学案，针对自备的导学案写出教学设计，做好PPT，以备在开学后能跟进修改
2020 年 3 月	1. 主题教研一：寒假悦读分享会 2. 细读课标，解读教材，进行单元整体设计，并绘制思维导图 3. 青年教师每周观摩师傅 1—2 节课 4. 青年教师接受师傅指导，上一节校级公开课 5. 月初，青年教师每人申报一个小课题 6. 坚持每周精选一个困惑的，或关注一个感兴趣的教育教学问题，进行实践研究，记录过程，形成思考，争取写成教育叙事或论文；坚持写好"每周一赞"，争取多次入围"融创丝语"
2020 年 4 月	1. 主题教研二：教材解读分享会 2. 参照 2019 年考纲，解构 2016—2019 年中考题目，找出对应的课标内容、掌握层次（如识记、理解、运用和评价），做双向细目表 3. 青年教师每周观摩师傅 1—2 节课 4. "影子"跟岗培训 5. 坚持每周精选一个困惑的，或关注一个感兴趣的教育教学问题，进行实践研究，记录过程，形成思考，争取写成教育叙事或论文；或坚持写好"每周一赞"，争取多次入围"融创丝语"

（案例提供：苏剑萍、高倩云、徐孟珽）

（2）智享阅读

开展智享阅读，以推动全员教师精读课标、教材为重点内容，选择学科专业、教育等综合类、工具类书籍，进行有质感的深度反思、阅读分享。能详细分享对所读书籍的理解并能以思维导图、表格等形式呈现精准、具象化的分享内容，且能阐明阅读前后在认识上的差异和感悟的转变，指导实际教学案例和行动上的落实。

图 86　智享阅读活动掠影

（3）留白档案

通过个人明信片、教坛引领、育人专家、来路回望、荣誉墙等几大板块，培养教师记录人师生命成长之旅中的感动、精彩瞬间。培养教师能围绕教育教学、课堂改革、师德引领、教育科研、解题命题、师生轶事、班级管理、专业比赛等领域进行有特色、有可鉴性的分享的能力（见图 87）。

图 87　留白档案活动掠影

（4）校本课程

通过充分挖掘、科学整合现有学科课程和教材中能够作为国际理解教育载体的内容，做好不同学段国际理解教育校本课程的开发与设计，开阔学生国际视野。滨文中学致力于培养教师在校本课程建设中的全面素养，特别强调从编写到实施的每一个环节。教师须精选教材，精心规划课程计划，撰写详尽教案，并合理安排课时，确保计划、教材、教案、课时等核心要素齐备且高质。在课程实施中，我们坚持"双基"（基础知识和基本技能）扎实落地，注重学生人格的塑造，并鼓励教师多元合作参与课程的研发与实践。同时，滨文中学重视经验的总结与提炼，无论是文字形式的亮点展示，还是待改进问题的深刻反思，又或是过程中宝贵素材的积累，它们共同构成了教师研修的丰硕成果。

图88 校本课堂上课掠影

（5）课题研究

滨文中学倡导"研究中教学，教学中研究"的理念，紧密依托省、市、区、校四级课题体系，为教师搭建广阔的研究平台。集团各校鼓励教师和学生直接或间接地参与国际交流活动，以此作为教学研究的新增长点。这一举措旨在将课题研究全面融入日常教学、班级管理和专业发展之中，使研究成为教师日常工作的常态。在此过程中，滨文中学特别注重提升教师的研究能力和创新实践能力，并致力于培养教师的国际视野。滨文中学紧扣教育教学实际问题，要求教师须具备敏锐的选题洞察力，教师须选取切入点小但研究目标明确、内容翔实、论证充分的课题，目标是培养教师正确把握选题方向、立足教育教学实际、以小切口开展研究的能力，从而推动学校整体教学质量的持续提升。

图89 课题研究讨论活动掠影

三、浦沿中学：共创双研育师校本新样态

学校教育科研工作在上级教育部门的关心和指导下，在集团的引领下，立足当前"双减"政策和新课标的要求，以打造新时代"**TOP新学校**"发展为愿景。浦沿中学立足课堂，以课题研究为载体，以项目化学习为抓手，充分发挥教科研在课程改革中的先导作用，教研训一体化，以项目化的思路开展工作，开展实践探究。

（一）基础工作：加强学习培训，提升思想理论观念

要开展教育科研工作，首先思想认识必须到位。学校充分利用周一下午的业务学习时间，以教研组为单位，要求全体教师认真学习"双减"政策，学习新课标理论，组织教师认真学习教学刊物、书籍。通过线上线下的各种学习培训活动，提高全校教师教科研业务水平，使教师深刻认识到教科研其实就在自己身边，就在日常的教育教学工

作中，学校的发展和个人的专业提升都必须要有教科研的支撑。

1. 专家引领，智慧共享，提升素养

为进一步提升学校教师教科研水平，不断促进教师的专业成长，浦沿中学借助"白马湖之秋"活动，组织全体教师进行观摩学习，通过观摩骨干教师的示范课和专家的精彩讲座，各教研组积极开展研讨和观点分享，反思教学，提升自身素养。2022 学年第一学期，首届班主任节暨班主任技能校本培训活动在学校综合楼阶梯教室如期举行。在这次校本培训中，学校邀请了杭州二中白马湖学校的柯君妹老师进行线下讲座，柯老师做了题为《借"赛"之名，共赴成长之旅》的报告。报告中，柯老师不仅给大家传授班主任技能基本功及其在实践中的运用方法，还围绕"带班育人方略""主题班会""班主任技能理论"等方面，为学校教师做了全面且深入的专业指导。

2. 团队合力，深入研究，积极优化

各教研组在既有研究根基上，持续深耕大单元教学领域，积极致力于校本资源的优化与精进。备课组坚持周例会制度，围绕《义务教育课程方案（2022 年版）》，深入探讨大单元教学学历案的制作与优化。教研组则按月组织研修活动，聚焦大单元教学中的共性与特色议题，历经实践探索，各教研组成功将传统导学案转型升级，打造出适应新时代教育需求、贴合新课标精神的大单元教学学历案。

3. 专业阅读，读书分享，促进教学

各学科、各年级广泛开展阅读分享活动，内容涵盖教育新理念、课程改革及教育随笔三大板块。学校精心挑选书籍，为每位教师配备阅读资料，鼓励教师制订个性化阅读计划，细致记录读书笔记。通过定期的读书交流会，激发教师的阅读热情，促进知识的传递与智慧的碰撞。在此过程中，教师将阅读、研究与教学实践紧密结合，形成"读中学、研中进、教中优"的良性循环，有效提升了教师专业素养与教学实效。

（二）常态工作：开展课题研究，探索提质强校之路

学校坚持教研与科研、师训相结合的方式，完善校本"教研训"一体化机制，深化课题研究，推动提质强效的进程。充分利用学校作为白马湖好课的基地学校的课题核心引领作用，开展指向学习力生长的"TOP课堂"强校行动研究，以"四域"突破为主要抓手，进一步健全完善"TOP课堂"体系架构，提高课堂效率，培养学生学习力，积极探索内生式发展的"提质强校"道路。同时通过学科间的有效沟通与积极整合，打开跨学科研究的良好局面。

注重课题研究过程化实施。2023学年第二学期，学校更注重课题研究实施过程化管理。动员教师"人人关心课题、人人参与课题"，积极建设科研骨干队伍。教师借助课题，通过多维度、多元化的课堂观察，加强课堂提质、作业优化设计等研究，通过课题观察量化表格，常态化进行课题量化评价，真正推动课题研究。

抓好课题研究的过程管理，注意落实研究计划，搜集、整理课题实验有关原始资料，加强课题实验工作的阶段性总结，开展活动，注重交流。

（三）科研特色：以项目化学习为抓手，加强教研训一体化科研
新途径

以"打造新时代TOP新学校"为核心目标，本着以人为本，学生和教师共同发展的理念，浦沿中学已将项目化学习作为转变学校育人模式、培育学生适应未来发展的必备品格及关键能力的抓手，开展学校的科研新途径。

1. 以老带青，分层落实发展目标

基于学校教师队伍中老教师居多、年轻教师偏少的特点，学校通

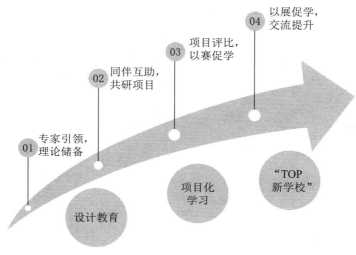

图90 "教研训"一体化科研新路径

过教师年度培训需求的问卷调查，架构多层次发展梯队，通过"老带青"模式，借助"唯真班"学习平台，开展项目化学习。通过"专家引领，理论储备""同伴互助，共研项目""项目评比，以赛促学""以展促学，交流提升"，促进团队项目化学习进展。

2. 以赛促评，实行项目化学习管理机制

开展项目化学习案例评比活动，根据"教—学—评"一体化，学校将教师开展项目化学习成果纳入个人绩效考核，要求每位教师每一学期至少要完成一次项目化学习（作业），形成项目化学习案例并提交学校审核。学校相关部门将组织专家进行考评并跟踪指导，促进教师的项目化专业能力提升。

3. 科研引领，实施常态化项目化学习

为了更好地开展学科项目化学习，学校连续两年申报了以项目化学习为主题的校本研修项目。学校组织全校教师参与线上线下的各类项目化学习培训活动，如 2022 年 11 月 4 日，学校组织全体教师在线观摩浙江省第五届 STEAM 教育大会暨首届项目化学习大会，学习项目化学习理论，促进教师积极开展实践。2022 学年第一学期，学校继续被确定为浙江省 STEAM 教育与项目化学习基地学校，并在组织学生参加项目化比赛中获得多项奖项。

（四）努力方向

1. 注重科研总结，推广研究成果

学校根据上级部门及学校的工作安排，组织广大教师（特别是课题组教师、青年教师）认真撰写教育教学研究论文、教学设计、教学案例等，积极参加各级各类评比。教科室及时做好征文信息的传达、论文质量的把关、征文结果的反馈等工作。争取让学校教师的论文、教学设计等在国家、省、市级范围内获奖。

2. 强化激励措施，提高科研积极性

学校在确保各项课题研究扎实开展的同时，根据上级有关文件精神，对教师的教育理论学习、教科研开展及成果进行量化评价，并纳入年度考核之中。对于在教科研工作中取得一定成果（包括进行课题研究、论文发表、获奖等）的教师，学校根据奖励细则进行加分奖励。

3. 科研赋能，构筑 STEAM 教育新高地

浦沿中学作为浙江省 STEAM 项目化实践的领航学校，紧密围绕课堂改革的科研核心与项目化学习的鲜明特色，实施有计划、科学严谨的组织管理体系，旨在提升教育科研的质量，驱动教育改革与发展的深度与广度。秉持"科研兴校，科研兴教"的坚定信念，浦沿中学致力于将教科研工作推向全新的高度，开创 STEAM 教育发展的新篇章。

第八章

家校协同：构建学生发展生命共同体

在家校共融协同教育中，家庭与学校是教育事业中的合伙人，是教育事业的利益共同体。

第一节　凝心聚力求突破，拓路前行谱新篇

苏霍姆林斯基说："只有学校教育而没有家庭教育，或者只有家庭教育而无学校教育，都不能完成培养人这一极其艰巨而复杂的任务。"家庭是孩子的第一所学校，父母是孩子的第一任老师，家庭教育是整个教育的基石，对孩子的健康成长有着重大的影响。学校是孩子接受教育的重要场所，在孩子的成长过程中，学校教育是核心，是孩子成长的摇篮，对孩子的成长起着关键的作用。家庭教育和学校教育对孩子的成长都十分重要，只有二者紧密结合，才能形成教育合力。

以竺可桢学校为中心，竺可桢学校教育集团持续打造覆盖全集团、贯通全学段、凝聚家校力量、依据不同校情的家校合作新型样态。家校合作不是单向的过程，而是双向的互动；家校合作是全面的，而非单一领域或维度的合作；家校合作不仅仅是双方的奉献，更是生成与发展。

第二节　竺可桢学校：立体网络，协同育人

学校重视德育，创设"三轨三环"式德育动力圈，设立班主任论坛、德育导师、家长德育三轨道。班主任论坛通过"聚沙成塔"环节

进行德育经验分享，通过"研究在线"环节聚焦德育问题集思广益，通过"名师面对面"环节让教师与德育专家面对面交流。德育导师通过"谈心辅导""家校联系""个案分析"三环节开展一对一的精准德育教育。学校通过"家长学院"提升家庭教育质量，通过"家长智库"拓宽学生视野，通过"家长共助"助力学生健康成长。具体途径为：家校共建形成合力，进一步完善家长学院，建立家长智库，将优秀家长和社会资源引入校园，开展"公忠坚毅·灯塔传承"家长进校园活动。

借助家长学院和现代信息手段，正确引导家长开展良好的家庭教育。为了让广大家长学习正确的防性侵教育方法，帮助学生更好地保护自己，远离性侵伤害，学校借助滨江区教育局的"润心行动"心理健康讲座平台，特别邀请中国心理咨询师协会（筹）工作委员会委员郭榕老师，在学校报告厅开展了一场"如何保护孩子远离性侵害"的家长专题讲座。

学校还不定期开展不同形式的家访、亲子活动，促进教师、家长、学生之间相互理解，架起理解的桥梁。比如，教师开展"爱心交流活动"，通过电话家访的方式，与有交流需要的学生进行一对一交流，主动了解学生情况，包括健康状况、作息规律、心理状况、学习安排、体育锻炼、承担家务劳动等方面情况。

开展形式多样的家长会，帮助家长确立正确的教育观念，形成教育合力。各班召开班级家长会。班主任向家长详细介绍班级情况和前半学期的班级工作，汇报纪律、学习及完成作业情况。各任课教师向家长介绍了本学科的相关情况，反馈近期学生的学习情况，并对本学科学习的方法加以阐述，以谋求家校合作。教师热情不减，家长认真聆听，共同探索理想教育之路（见图91）。

图 91　多样化的家长会现场

探索系列化生涯规划课程，帮助学生看清自己的喜好与特长，为高中阶段的学习和选择奠定一定的基础，建立自我规划意识，学会规划自己的人生。开设悄悄话信箱与心理小报，探索了解学生初中阶段的困惑与疑虑的新方式，用心理小报的形式供学生传阅科普。有效利用社会资源，引进专职心理咨询师每周为学生提供咨询服务。在心理教师的专业指导下，班主任开设主题为"共度寒冬，同赴暖春"的心理调适班会课。通过接纳情绪主题电影推荐、正念练习——"蝴蝶拍"、想象放松训练、支持树绘制、主动式渐进肌肉放松训练等方式，舒缓学生的紧张情绪，并引导他们正确调节自己的心理。

第三节　滨文中学：家校协力，共筑美好

一、家长学院的理念及任务

家庭教育是现代国民教育的重要组成部分，是学校教育和社会教

育的基础，在未成年人思想道德建设中具有尤其重要的地位。家长学校是宣传普及家庭教育知识，提升家长素质的重要场所，是指导推进家庭教育的主阵地和主渠道。为规范家长学院管理，全面推进素质教育，提高办学质量，滨文中学根据《教育部关于加强家庭教育工作的指导意见》和《全国妇联、教育部、中央文明办关于进一步加强家长学校工作的指导意见》的精神，开展家长学院工作。

家长学院以未成年人的抚养人为主要对象，是为提高家长素质和家庭教育水平而组成的成人教育机构；是宣传正确的家庭教育思想、普及科学的家庭教育知识的主要场所；是联系学校、家庭、社会，促进三者结合的工作桥梁；是优化未成年健康成长环境、推进社会主义精神文明建设的重要阵地；是促进和谐社会、学习型家庭建设的重要途径。

家长学院的任务是向广大家长宣传党和国家教育方针、政策和法规；帮助和引导家长树立正确的家庭教育思想和观念，掌握家庭教育的科学知识和方法；向家长介绍未成年人生理、心理发展特点和营养保健常识，指导家长进行科学的家庭教育，帮助孩子养成良好的学习、生活习惯；引导家长和学校密切联系、互相配合，保持教育的一致性，发挥家庭教育的特殊优势，使之与学校教育互补互促；帮助家长加强自身修养，营造良好的家庭环境，提高家庭教育水平，从而促进和谐社会建设进程。

二、家长学院的组织机构

家长学院设立校务委员会，设校长一名，由学校校长担任，委员由学校副校长、学生发展中心主任、课程发展中心主任、教学发展中心主任、后勤服务中心主任、年级组长、教师代表、家长代表等人员组成，根据校务委员会职责分工负责。

设立年级家长委员会和班级家长委员会。年级家长委员会以年级为单位，设主任一名，副主任一名，委员十人；班级家长委员会设组长一人，委员四至六人。家长委员会的基本任务是在学校的指导下，配合学校全面贯彻党的教育方针，深化教育改革，推进素质教育；指导家长进行科学教育，帮助孩子养成良好的行为习惯，沟通学校和家长之间的意见和要求，发挥桥梁和纽带作用；研究新时期青少年成长的规律和特点，关注学生安全；总结和交流家庭教育的经验，协助办好家长学院，调动家长积极性，帮助学校解决办学中的实际困难。委员由关心孩子成长、热心教育、热情支持学校或班级工作的家长代表组成，以家长自愿参加为主，由学校和班主任推荐候选人，经学校党总支研究和家长协商产生，并由学校颁发聘书，向全体学生家长公布。

三、家长学院的制度管理

家长学院实行制度化与规范化管理，做到"十有"：有管理机构、有专（兼）职教师、有教学设备、有校牌、有经费、有计划、有教材、有制度、有考核、有档案。

建立健全各项工作职责和管理制度。明确家长学院校务委员会、家长委员会的工作职责。健全家长学院管理、教学管理、考核评比、档案管理，完善各项规章制度，并严格执行。

把家长学院工作列入学校整体工作计划，制订家长学院发展规划，每学年制订家长学院工作计划和学期教学计划。

四、家长学院的实施

家长学院自 2019 年成立以来，开展线上和线下两种课堂形式，线下课堂以专家讲座为主，线上课堂以音频、视频微课堂为主。

课前通过问卷调查，了解家长关心的孩子教育问题，重点关注年段分析、学科重点、沟通策略、学业规划等方面。根据不同年级学生家长的需求，采用年级授课制，以专题讲座、观看专家讲课录像、经验交流、个案咨询、互动体验等灵活多样的形式组织教学。在教育教学过程中，坚持面授与自学相结合；坚持学习体验与咨询相结合；坚持理论与实践相结合；坚持听课与互动研讨相结合。改善与增进学生、家长与学校三方关系。

家长学院设定了固定的课程时间表，线下课堂每两个月进行一次，每学年授课不少于四次。线上课堂每月一次，每学年授课不少于十次。

家长学院以全体在校学生家长为学员，实行班级管理，与学生班级相配套。建立学籍花名册，家长填写"家长档案"，按每学年一届建册，并进行审核、结业登记管理。家长学院学制为三年，家长随孩子入学而入学，随孩子毕业而结业。家长应按规定学完全部课程，学业期满，经考试考核合格者，颁发结业证书。

家长学院的师资，以本校教师为主，还邀请社会各界家教专家和教子有方的家长。不断加强教师专业培训和工作交流，提高教学质量和管理水平。教学经费主要由学校拨出，同时也会通过各种渠道筹措资金，该资金主要用于家长学院办公，如印发资料、教学设施设备、教学资料，也会用于奖励优秀家长及授课教师。家长学院每学期还会将档案进行分类整理，并及时归档，妥善保管。

五、考核与奖励

家长学院实行学分制管理。参加线下课程、学习线上课程均记作学分，额外活动（作业、答卷、家长与孩子共同进步情况等）记入学分，每学年结束，学员需要上交家长研修手册，班主任对研修手册进行考核，每学年满分一百分，未修满六十分者不予结业。

每学年评选"优秀家长（成长较大的家长）""优秀伯乐（用好方法培养出优秀学生的家长）""温馨家庭（成长较大的家庭）""优秀义工（家长义工）"等，由学校表彰奖励（见图92）。

图92　家长研修手册及部分优秀家长名单

六、取得成果

自2019年起，滨文中学家长学院作为顶层办学规划的关键一环，坚持每月开展，不断探索与创新，形成了独具特色的专家指导团队。在形式与内容的持续丰富中，家长学院不仅向家长传授了科学的教育理念与方法，还深度满足了家长的多元需求，其影响力更超越了本校，惠及周边兄弟学校，成为家校合作的典范。作为家校沟通的核心平台与桥梁，家长学院凝聚了家校双方的力量，促进了孩子的全面发展。2021年，学校荣获"示范家长学校"称号，这是对学校家长学院工作的高度认可与激励。展望未来，学校将继续深化家长学院的内涵建设，拓宽其覆盖范围，致力于维护并强化这一家校合作的坚实纽带。

城／市／声／音　　城／市／声／音　　城／市／声／音
2023.05.28　　　2023.05.26　　　2023.05.28

图 93　家长学院的现场概况

第四节　浦沿中学：家校共育，共赢未来

　　只有充分认识家校共建共育的重要性，提高教师和家长的合作共建教育意识，才能达到学校教育的目的。家庭教育是学校教育的基础，也是学校教育的补充。学校教育和家庭教育如果行动不一致，没有同样的要求和共同的信念，教育理念有分歧，就可能产生教育问题。

　　在培养孩子的过程中，教师与家长之间是相互沟通、理解、支持的关系，学校教育与家庭教育的目标应保持一致。学校教育是对学生传授知识、培养能力和塑造人格的主阵地，对学生的健康成长起主导作用。同时，学生的成长过程也离不开家庭教育的影响。如果家长把孩子交给学校之后就疏于管理，学校的教育目标就会难以实现，也不利于孩子的成长和发展。浦沿中学实施全员德育，班主任、任课教师、家长等都参与其中。来自家长的助力对孩子的成长、学校的发展起着非常重要的作用。因此，浦沿中学一直在家校沟通上寻求突破，争取让家长更大限度地配合和支持学校工作。学校主要通过以下措施来促进家校共育。

一、成立家委会，让学校管理更加民主

家委会是家长、教师和学校之间沟通的桥梁，它以促进学生健康成长、共同进步为目的，能够起着调和、活跃家校氛围的作用。

家委会成员作为家长代表，可以凝聚学生家长，充分发挥家长对学校教育教学工作的支持和监督作用，把学校教育与家庭教育有机结合起来，做好班级发展的后勤工作。完善家校的联系渠道，不仅可以充分调动家长参与学校管理的积极性，而且能体现民主管理。每个月月底，各年级通过家委会会长收集一个月以来家长对学校各项工作的意见和建议。学校收到建议后，会根据家长的需求和建议，召开行政会议来改进学校的工作，并及时反馈给各位家委会会长。后来为了方便家长提意见，学校还公开了校长信箱。每周校长会登录信箱并回复家长的意见。

图94　家委会工作现场

二、定期组织家长学院活动

借助家长学院和现代化信息技术，家长可以定期参与网上在线学习，从而丰富育人知识和提高育人水平。同时学校还会不定期邀请专家进校园，帮助家长更好地走进青春期学生的内心，建立和谐温暖的亲子关系；也帮助家长学会配合教师工作，做好孩子思想、生活上的指导者。学校为了让家长有所学、有所思，特意为家长印制了家长研修手册。浦沿中学家长学院的宗旨是让学生成为学习者、探索者、担

图 95　家长研修通知、现场及手册

当者；愿家长成为学生的陪伴者、支持者、守护者。

三、推行 TOP2.0 版大班主任工作制

面谈、家访和电话是最直接、最方便，也是最常用的一种家校沟通方式。教师可以通过这三种方式及时与家长沟通，交换意见，达到同步教育的目的。

不同的家庭对教育有着共同的服务需求，但是具体的需求又各不相同。如何最大限度地满足这些需求，让家长满意学校的教育，是我们教育系统应该思考的问题。浦沿中学有许多值得传承的宝贝。例如，在教学中引入的"TOP 理念"，要求每个学生突破自我，要求每个教师突破自我，从而让学校突破性发展，该理念在教学中的实践如今也取得了诸多成果。

浦沿中学新领导团队在滨江区教育局和教育集团的指导下，继承发扬"TOP 理念"，让学校管理也实现自我突破，推出 TOP2.0 版大班主任工作制。

大班主任工作制有更高的视野去发现问题、发现教育需求；有更强的解决问题能力，因为其具备整合更多资源的能力。

在大班主任行动中，浦沿中学制定了大班主任家访调查问卷、大班主任家访反馈表以及家访记录单。为了收集各方面的第一手信息，学校还在各幢教学楼装了大班主任信箱，每周五下午开锁取信，并在下周晨会上进行意见反馈，还会点名表扬提出好建议的学生并奖励其一个 TOP 币。大班主任制的设立目的主要是提高学校的服务水平，了解家长、学生的真实需求，提供有针对性的帮助，实现教育共富。

图96 大班主任的信箱及家访照片

四、开展形式多样的活动

开展丰富多彩的活动，以此来达到家校互利共赢。浦沿中学开展家长开放日、运动会、班会活动、"TOP超市"、家长进课堂、志愿者活动进社区、家长会等活动。开家长会是家校沟通最普遍也是极为有效的方法。它能帮助家长树立正确的教育观念，同时使家长和学校形成教育合力。在与教师的交流中，家长能更全面地了解学生的优缺点，同时也能帮助教师了解学生的兴趣爱好，从而更好地引导学生接下来的学习，为学生的未来进行生涯规划。总之，丰富多彩的活动不但能促进亲子关系，还有利于学生的健康发展，更有利于学校和家庭形成教育合力。

五、为特需学生进行赋能

有些学生在进入九年级之后，会突然感觉学习压力剧增，一下子适应不来，从而出现了心理问题，有些会手脚发抖，有些会呕吐，有些甚至出现自残的情况，还有些不肯再迈入学校一步。针对这些学生，在请家长带孩子就医的同时，学校心理教师也会介入谈话、辅导，还会跟家长沟通，并运用心理知识指导家长以缓解学生情绪，并通过各种渠道，鼓励家长参加关于学生心理问题的讲座。学校也为这些学生建立一人一团队的钉钉辅导群。这个团队由校级领导、德育主任、心理教师、学生家长、任课教师等组成。不管是学生的心理、生活还是学业都有教师跟进，指导和帮助家长解决问题。通过钉钉群，对学生和家长进行赋能，使学生每天都能有所进步，快乐生活。

参与家校共育，家长的角色认识、参与意识、教育观念、教育方式一定会发生巨大变化，这不仅能够提高家校同步教育的有效性，而且还能促进学生的全面发展。家校共育是一种最理想的现代教育模式，它能为学生创造良好的学习与教育环境，加强学校与家长之间的信任度，还有利于学生未来生涯规划。

第九章

工作机制创新行动

学校管理应该无死角，学生到哪里，管理就要到哪里，评价也要跟到哪里，管理的目的是育人。

第一节　流程管理机制

集团致力于建立并完善流程管理机制，将学校的各项工作和常规事务进行全面流程化处理。通过精心制作详细且清晰的流程图，明确每个环节的具体步骤、责任人和时间节点，从而实现高效的流程管理。这不仅有助于减少工作中的混乱和重复劳动，提高工作效率，还能确保各项工作都能按照既定的标准和规范进行，保证工作的质量和稳定性。无论是教学安排、后勤保障还是学生活动组织，都有明确的流程指引，让每一项工作都有条不紊地开展。

第二节　闭环管理机制

学校管理应做到无死角，且始终以育人为根本目的。在管理机制的设计与实施中，我们高度注重"人"的闭环，即无论学生身处何处，管理、教育和评价都能及时跟上。对于学生的学习、生活和思想动态，学校会进行全方位的关注和引导，确保他们在学校的每一刻都能得到良好的教育和关怀。同时，也关注"事"的闭环，坚决遵循"有布置必有检查，有检查必有反馈，有反馈必有跟进"的原则。布置工作只是起点，检查是对执行情况的把控，反馈是对结果的评估，跟进则是为了持续改进。每一个环节都紧密相连，缺一不可，形成一个完整的管理闭环，确保学校的各项事务都能得到妥善处理和不断优化。

第三节 一日一反思管理机制

管理团队每天下班前通过钉钉管理日志进行一日工作反思复盘。复盘内容中要包括每日亮点，即要求教师用心发现学校教育教学中值得肯定和表扬的地方，大力弘扬正能量，为教师和学生赋能，激发他们的积极性和创造力；同时，教师也要深入挖掘一个不足和值得反思的地方，认真查漏补缺。通过每日的反思，学校及时总结经验教训，不断调整工作策略和方法，以更好地应对学校管理中出现的各种问题和挑战。

第四节 容错一次机制

我们建立了人性化的容错管理机制。在管理过程中，重在发现问题。当第一次发现问题时，着重进行耐心的纠错和诚恳的批评教育，而不轻易进行严厉处罚，允许错一次。这并非是对错误的纵容，而是为师生提供一个成长和改进的机会。我们相信，在一个宽容和支持的环境中，师生能够更加勇敢地尝试和创新，同时也能从错误中吸取教训，不断提升自己，为学校的发展贡献更多的智慧和力量。

第十章

转型后的学校生态

努力让教育有教育的样子。

呈现给大家的这本《让教育回归生命的成长：初中集团化办学新范式》凝结着团队的集体智慧。有感于当下学校教育"目中无人"的顽疾，我从一开始就将这个新教育集团的办学理念定位在"让学生成为学习者、合作者、探索者"，重塑学校教育的"育人"初心，深耕"以学生发展为本"的教育情怀。

竺可桢学校教育集团秉承"信心高于知识、兴趣重于成绩"的教育准则，谋求育人模式的机制层面上的新突破，在充分吸收国内外教育改革成功经验的基础上，精心构建了一套体现集团特色的新制度体系，保障新理念和新模式可落地、能生根、会发芽，努力回应"轻负高质"的教育诉求。

改革之路是艰难的，不仅需要创新的勇气，更需要务实的态度和不懈的探索。但我相信，通过这一群理想主义实践者在教学实践中不断分析、不断研究、不断完善，我们可以与竺可桢学校教育集团这个应教育改革大势而生的"新生儿"共成长，共同托举起教育的明天和希望。

第一节　建构了初中办学新模式

在几年的探索中，竺可桢学校教育集团将新模式的要素组成概括为以下五点。

在课程建设上，集团探索并实施了"双链式"课程构架，强化课程之间的整体设计和逻辑关联，体现学校课程的整体性和实效性，课程的适切度逐步提高，学生自主发展的愿景与能力也在不断增强。

在课堂创新上，我们改革传统的划一课堂传授模式，探索了"导学课""讲授课""翻转课"和"整理课"四种课型。借助多样化的课型，针对不同的教学要求和内容实施不同的教学方式，在培养学生自主学习能力的前提下，形成学生显性的求知兴趣、活性的知识基础、个性的学业特长，提升可持续的教育教学质量。

在校园文化上，凸显学生本位理念，着力催生和营造"三自"文化：自强、自理、自愈。

在师资队伍上，我们按照教师专业发展学校的理念与内涵，既保持集团各校理念和方向的统一性，同时也鼓励各学校的独立性与原创性。

在管理特色上，在常规管理之外，我和团队不断创新适合校情、彰显特色的学校管理新制度。例如，通过在班级设"学情委员"，探索"以学生为本"的管理新模式；通过专设"交叉学科教研组"，开展特色教研室建设，力争短期内引领全省；制订激发教师工作积极性、体现实效性的绩效工资制度；通过探索家校合作新途径，不给家长规定"任务"；成立家长志愿者队伍，拓展校外教育资源；逐步建立校外教育基地。

第二节　形成了课堂组织新样态

竺可桢学校教育集团建立了推动"五环"联动融创课堂的学历案体系，合作探究型课堂组织模式日益完善，并逐步进入学科变式研究阶段。全体教师坚持每周撰写教学反思。例如在滨文中学，这些反思被汇聚成《融创丝语》反思集锦，每四个月出版一期，至今已编印八期，累计字数达三十八万。

值得一提的是，2021年，竺可桢学校教育集团特别策划了系列专题专刊，如对学历案设计评比的深度剖析、对融创课堂的生动展示、对备课组有效作业设计的策略研讨，以及对新教师复习课的实践探索，这些专刊充分展现了教师团队的专业成长轨迹。

此外，集团作为教育改革的先锋，多次接受上级领导的视察，教育理念与实践成果广受赞誉。与贵州丹寨的结对学校展开了深度跟岗学习合作，同时，集团也频繁迎来区域内专家及同人的上百次研学交流。集团各校更是积极承办了众多省市级公开课、研究课，成为区域内外教育交流与合作的桥梁与纽带，影响力日益彰显。

第三节　打造了学生素养新展台

融创课堂作为学生素养新展台的核心驱动力，让学生在沉浸式学习体验中深化能力构建，掌握学习之道，奠定终身发展的坚实基础。通过精心设计的课堂实践，集团有效促进了学生群体在创新能力、批判性思维、公民素养、合作与交流能力、自主发展及信息素养六大核心领域的显著提升。这些成果不仅在教育评估中获得了高度评价，更在"小老师"大赛、演讲比赛、辩论比赛等多元化赛事中屡获佳绩，彰显了融创课堂在塑造全面素养人才方面的卓越成效。

第四节 探索出教师发展新路径

"院校共育、三坊联动、项目推进、以赛促培"的研修新样态，探索出教师专业发展的新路径。

集团始终保持与高校科研团队的紧密合作，高频率引进高校教育专家，共同打造科研、学科、德育工作坊，使之成为支撑教师持续发展的校本研修平台，形成了一套较为完善的研训体系和课程，有效地将课题研究、课程开发、课堂教学、"四题"能力、信息技术等主要核心素养进行科学整合，在理念创新和技能提升方面给予教师更具全面性、专业性、更新性和延续性的推动和锤炼。

同时，集团还引进了市区级学科教育专家，发展学校"草根"专家，打造了一支专业化的培训团队，树立教师教研的主体性与智慧性，使专家与教师、新教师与老教师在教学理念上相互碰撞，在实际教学经验上相互补充，形成强有力的教师专业发展整体合力。

自集团成立以来，集团各校构建了一套教师专业成长机制，以教师成长"工作坊""智享读书会"，学科教研、班级建设专题沙龙，蓝鹰讲坛，自主反思重建等为依托，以项目推进、以赛促培的方式开展常态研训，实现了有布置、有实施、有监督、有反馈的闭环路径，使教师的"五力"——课题研究力、课程开发力、课堂驾驭力、班级管理力、评价设计力得到了极大提升。

第五节　孵化出课程特色新项目

　　链式课程模式带动新学校从零起点开始积累，教师在优化课程设计的同时，增强了课程意识，拓宽了研究思路，也提高了学生实践能力。

　　基于专家与教师共同协作的机制，课程开发团队完成了项目的设计、实践、迭代，不断完善与丰富项目内涵，深化项目落实，最终形成了具有新初中底色的学校特色项目。

　　通过专家与教师团队的紧密合作，集团成功构建了知识逻辑严谨的交叉课程组，并设计出一套科学合理的交叉学科项目课程体系。这一体系配套教师用书与学生用书，为特色项目的广泛推广奠定了坚实基础。同时，通过有针对性的课程训练，深度激发了学生对多样化知识的兴趣，有效促进了他们对泛在化学科知识的建构。我们的目标聚焦于学生学业关键能力的精准培养，力求实现学科教学质量的显著提升。

　　不仅如此，在集团新劳动教学空间建设中，专家团队结合国内外案例，提出"以劳树德、以劳增智、以劳健体、以劳益美、以劳悦心"的教育模式，集团落地该模式并建设了"教育＋互联网"应用场景——空中农场，促进技术与教学深度融合，为新劳动教育和 STEAM 教育提供了适合的教学探究场所。对空中农场这一新型教学空间的深入探索，使教学空间得到充分的利用；同时，基于各学科学习内容的差异，多功能新型教学空间也可为不同的课程实施提供场地。从学生角度，空中农场可以使学生能力得到普遍性的提升，还可以针对不同学习能力和基础的学生提供差异化的学习指导和探究活动（如探究影响植物生长的因素有哪些、如何搭建无人植物工厂等），使学生的能力可以得到个性化发展。技术与教学的深度融合使该新型教学空间具有多功能性，能实现重构、联结、兼容和实时记录等多种功能。

图书在版编目（CIP）数据

让教育回归生命的成长：初中集团化办学新范式 /
欧自黎著. — 上海：上海教育出版社，2024.8
ISBN 978-7-5720-2883-0

Ⅰ．G637

中国国家版本馆CIP数据核字第2024AK7980号

策划编辑　刘美文
责任编辑　姜一宁　马丽娟
装帧设计　王鸣豪

让教育回归生命的成长：初中集团化办学新范式
欧自黎　著

出版发行　上海教育出版社有限公司
官　　网　www.seph.com.cn
地　　址　上海市闵行区号景路159弄C座
邮　　编　201101
印　　刷　上海四维数字图文有限公司
开　　本　890×1240　1/32　印张 8.75
字　　数　210 千字
版　　次　2025年2月第1版
印　　次　2025年2月第1次印刷
书　　号　ISBN 978-7-5720-2883-0/G·2552
定　　价　68.00 元

如发现质量问题，读者可向本社调换　电话：021-64373213